U0113807

刘未鸣

段敏　主编

学者记述：
初心不改磨一剑

中国文史出版社

图书在版编目（CIP）数据

学者记述：初心不改磨一剑／刘未鸣，段敏主编.
--北京：中国文史出版社，2020.11
（纵横精华.第七辑）
ISBN 978-7-5205-2657-9

Ⅰ.①学… Ⅱ.①刘… ②段… Ⅲ.①学者-列传-
中国-近现代 Ⅳ.①K820.5

中国版本图书馆 CIP 数据核字（2020）第 245201 号

责任编辑：胡福星

出版发行：中国文史出版社
社　　　址：北京市海淀区西八里庄路 69 号　　邮编：100142
电　　　话：010-81136606 81136602 81136603 81136605（发行部）
传　　　真：010-81136655
印　　　装：北京新华印刷有限公司
经　　　销：全国新华书店
开　　　本：787×1092　1/16
印　　　张：10.5
字　　　数：130 千字
版　　　次：2021 年 3 月北京第 1 版
印　　　次：2021 年 3 月第 1 次印刷
定　　　价：40.00 元

出版说明

  《纵横》杂志是全国第一份集中发表回忆文章的期刊，自 1983 年创刊以来，以"亲历、亲见、亲闻"为视角，如实记录和反映中国近现代史上的重大事件、人物故事及各地独特的历史文化与地方政协文史资料工作情况，以跨越时空的广阔视野，纵览百年历史风云，横观人生社会百态。曾荣膺中国出版政府奖期刊奖提名奖，在读者中具有广泛影响。

  本套"纵横精华"系列丛书，是按主题将历年《纵横》杂志刊发的读者反响较好的文章结集。自 2018 年开始，已陆续出版了历史、文化、文学、艺术、情感、人文等二十余种主题图书。所收文章个别文字有所修订，其他均保持原貌。

  因收录文章原发表时间较久远，未能联系到的作者，请与中国文史出版社联系，以便支付稿酬。

编 者

2020 年 12 月

目录

回忆哲学大师张岱年老师

魏英敏

青年学者的"忘年交"

2004 年，张岱年先生逝世，中国哲学界无不为之痛惜！知这一噩耗时，不可抑止的悲痛涌上我的心头。

记得 54 年前，当我初入中国人民大学读哲学本科时，就已听说北京大学有一位张岱年教授，他掌握的中国哲学资料之翔实无人出其右，就连最有名气的哲学家遇到难题，也往往屈尊求教。但是，限于当时的条件，作为一名普通大学生的我没有机会拜见张老。后来，我有幸从人大调入北大，分配到哲学系任教，这才有缘相见。1974 年年初，正值"批林批孔"热火朝天之际，为完成一项所谓的"政治任务"，撰写一本书籍，即《论语批注》，我又与张老有了近距离的接触。记得参加这一工作的还有李世繁、朱伯崑、黄楠森诸先生，还有其他几名青年教师和工农兵学员，大家相处融洽、合作愉快。

张老给我的印象是，言语谨慎，对中国哲学、儒家思想了如指掌，如数家珍。他注重原本，解说详尽、贴切、精当，绝不趋炎附势，绝不迎合潮流，坚持实事求是的立场，不愧为大师级的教授。对我们这些青年学者讨论、写作中的不当之处，他都能友善、谦和地指出，令我十分感动。张老无派头、无架子，能够与我们这些"小字辈"平等讨论，耐心切磋，对于我们来说，实在是一个难得的学习机会。

与张老交往的点滴记忆

此后 30 多年的时光，我与张老有过无数次的交往，竟成了他家里的常客。我们结成了深厚的友谊。

张老日常生活俭朴、节约，令人感叹不已。老先生多年住在北大中关园，充其量不过有 75 平方米。他的书房 10 平方米左右，里面堆满了各种书籍和杂志。如果进去两个人，就转不开身。人们想象不到，这就是当代中国泰斗级学者的工作条件。直到 2000 年，张老才迁到蓝旗营小区，住上 140 平方米的房子。可是张老对以往的一切，从来无怨言，无要求，只知做学问、教学生。

张老的写字台，一用就是几十年；一件蓝色呢子大衣，穿得颜色发白，也舍不得扔掉。张老有钱，但他爱惜财物，珍视劳动人民的血汗成果，堪称中华民族传统美德的典范。

张老宽容仁慈，体察穷苦学子的处境。生活有困难的青年教师找张老求助，张老无不慷慨应允。1981 年，人大一中年教师因病故去，张老亲自去参加追悼会，并对人大的系领导和同人表示：准备把这位中年教师协助他整理出版的《中国哲学史史料学》一书的全部稿酬赠送死者家属。后采纳有关同志的建议，将稿酬大部分赠送遗属，其余部分购书分发给听这门课的每一位学生。张老本人则分文未取。

张老对待有求于他的青年学子谆谆教诲，努力提携。我知道的，如中国人民大学的葛荣晋教授、姜法曾先生（已故）、中国社会科学院的陈瑛研究员、徐州师范大学的梅良勇教授等，他们的成长过程，都得益于张老的大力相助。

我作为中国当代伦理学的学习、研究者，从张老的为人为学中学到许多新鲜的思想、观点与见解，令我终生难忘，受用无穷。我所有的关于中国传统伦理学的知识，几乎都来源于张老的著作和向张老面对面的请教。

有一次我去张老家，向他请教如何看待"三纲""五常"，尤其是"三纲"，即君为臣纲、父为子纲、夫为妻纲。我说：人们对"三纲"普遍持批判的态度，认为它是维护封建等级秩序的专制主义道德，似乎无任何可取之处。不像"五常"即"仁义礼智信"那样，有人民性、科学性的因素。您认为这种看法对吗？张老说：这种看法肯定不对。诚然，"三纲"有封建性的东西。但它也有一定程度的合理性，即君主、父亲、丈夫，要做臣民、子女、妻妾的榜样。

是啊，这种观点是正确的，可是我竟然没有想到。长期以来，我感到困惑的是，什么都可以一分为二，对"三纲"的认识为什么不能一分为二呢？经张老的点拨，我顿开茅塞。由此我举一反三，认识到任何一个道德概念都有普遍性与特殊性两面。在阶级社会有阶级性，亦有非阶级性。这是理论认识上的飞跃。

大师的指点，使我真正体会到"名师出高徒"的道理。今生今世能做张老的学生，实在三生有幸。

张老非常重视"礼尚往来"。所谓"往而不来非礼也，来而不往亦非礼也"。他给我的感觉是，不论平辈还是后辈，不论大人物还是小人物，他都能做到平等相待，有来亦有往。记得大约在20多年前我在北大附中二号楼住时，有一年春节，我去中关园给张老和师母拜年，没过几天老人家就到寒舍回访，这使我颇受感动。张老这样的名教授竟不顾年迈上四层楼，看望后辈一位普通教师，实在让我不敢承受。

张老晚年时，尤其他搬到蓝旗营小区后，我们同住一院，去张老家的次数自然多了些。由于他已年迈体衰，耳目不那么灵了，所以我把在外地讲学的见闻，把国家、社会发生的新鲜事讲给他听，让他及时了解世事的变迁。我还多次将朋友、学生送我的土特产品，如精制荞麦挂面、新小米等，送一点给老人家分享。没有别的想法，只是出于对张老的尊敬而已。可张老特别注意"还礼"。有一次，竟让他的儿子张遵超先生，将一大盒平谷新鲜大桃子（一个足有半斤多），给我送来，让我受宠若惊。我怎么好接受这样的厚礼！于是第二天，我转送给另一位令人尊敬的老教授。

"兼和"的哲学大师

张老执教60余年，学富五车，著作等身，桃李满天下。打开张老的书，从他早年的著作如《中国哲学大纲》，到晚年著作如《中国伦理思想研究》，他始终坚持唯物史观，坚持唯物辩证法、研究学问、教书育人。不论社会上有怎样的风浪，学界有怎样的气候，他都站得稳，立得牢。

当代中国哲学有体系的大家先有冯友兰、金岳霖、熊十力，后有张岱年。张老虽是前三位大家的后辈，然而他的学问却可以同前三位比肩而立，他的新思维在于创造了集中、西、马哲学体系的核心思想，即"兼和"。"兼和"乃岱年先生哲学思想一以贯之的精髓。

张老对于中国伦理思想史的贡献，是一般学者不能望其项背的。他关于中国伦理思想的分期是科学而又精确的，为今日中国伦理学界所认同。他在《中国伦理思想研究》一书中，对中国伦理思想的重大理论问题诸如道德的阶级性与继承性问题、人性问题、仁爱属性问题、义利之辩与理欲之辩问题、意志自由问题、天人关系问题、道德修养与理想人格问题等，几乎囊括无余，认识深邃而精到、渊博而精深。张老的这本著作，连同他 20 世纪 50 年代撰写的《中国伦理思想发展规律的初步研究》，是当今每个中国伦理学人不可或缺的须终生反复学习的教科书。

张老终其一生不愧为当代中国最杰出的哲学家、哲学史家、伦理学家。学贯中西、融会古今，史论兼通，是学界公认的大师、泰斗级的人物。他做人是我们的典范，做学问是我们的楷模。

追光逐电的光学专家王大珩

马京生

王大珩，江苏省吴县人，1915 年出生，中共党员，光学专家，中国科学院院士、中国工程院院士，中国现代国防光学技术及光学工程的开拓者和奠基人之一。领导开拓与发展了靶场光学测试技术、激光技术及太阳地面模拟等国防光学技术领域。为我国现代国防技术及光学工程的发展作出了杰出的贡献。

父亲是留日的高才生，他出生在日本，学业出众，学生时代，他始终牢记父亲的一句话："走科技之路，没有过时之时。"

1915 年 2 月 26 日，日本东京，在一所普通住房里诞生了一个男婴。男婴的父亲王应伟是毕业于东京物理学校的高才生，在校长的举荐下，进入日本中央气象站深造和工作。

看着刚出生的儿子，王应伟兴奋不已，苦思冥想地给儿子起名字。

最后，他终于从浩瀚的汉字中，选取一个极不常用的生僻字"珩"，来为自己的儿子命名。"珩"字在辞典上有两种解释：一是形状像古代乐器磬的玉佩上面的横玉；二是珩磨，一种精密仪器的光整加工方法。不管王应伟的主观意愿是什么，"珩"字的这两个互不相关的含义同时融入了儿子生命之中。

1915 年 9 月，在东瀛漂泊了整整八年之久的王应伟携妻子和刚刚六个月的儿子王大珩回到了朝思暮想的祖国。王应伟同时带回的还有那个始终珍存在心中并支撑着他战胜艰难险阻的强国之梦。他定居于北京，就职中央观象台。

王大珩五岁开始上学，学习成绩一直名列前茅，他总嫌老师讲的课太慢，吃不饱，就自行向前学。初中毕业已学至高中一二年级的水平，高中毕业已学完大学一二年级的课程。

老师总是表扬他，可父亲却很少称赞他。王应伟觉得儿子所受的荣誉已远远地多于其他的同学了，所以他不仅不赞扬儿子，而且更加严格。他给儿子在学校吃、穿、用的生活费皆在最低标准，以自身的实践告诉儿子：越能吃苦，越有出息，也越能成材。这就是自古雄才多磨难的道理。

从少年到青年，王大珩始终牢记父亲的一句话："走科技之路，没有过时之时。"让父亲的科技血脉，在自己身上绵延流淌，生生不息。

1932 年，王大珩高中毕业报考大学，以优异成绩被南开大学、青岛大学和清华大学同时录取。

王大珩选择了清华大学，进入物理系。系主任叶企孙教授在学术上造诣很深，思维敏捷，教学方法灵活独特，从不照本宣科。

考试方法也与众不同。他常根据学生的不同情况给学生出不同的题目。有一次考统计物理学时，叶先生给王大珩单出了一道题。他先给王大珩一本德文版的统计物理学专著，让王大珩先把这本专著看完后，再根据专著的论点写出一篇有自己见解的文章。接过叶先生递补过来的专著，王大珩心里直打鼓，他只学过一点点德文，凭自己那点可怜的德文底子不仅要读完这本专著，还要写出自己的见解来，实在有点勉为其难。但叶先生毫无通融余地，王大珩只好起早贪黑，整天抱着德文字典一个字一个字地抠，费了九牛二虎之力，好不容易才把那篇专著啃下来。没想到，这次统计物理学的考试，竟会使王大珩的德文水平在极短的时间内上了一大步台阶，打下了良好的德文基础。

1936 年，王大珩毕业于清华大学物理系。毕业时，他在叶企孙的指导下做了光学方面的论文。

他和父亲当年留学出国的情景极其相似……到英国留学，将获取博士学位时，他却主动放弃

从清华大学毕业后，王大珩受到叶企孙教授的器重而留校任助教。半年后考取上海《申报》老板史量才为研究生设立的"史量才奖学金"，他又开始在清华大学物理系赵忠尧教授的门下读核物理专业研究生。

1937 年，"七七事变"爆发，枪声迫使王大珩停止在实验室里进行中子实验。眼看江河沦丧，自己却报国无门，王大珩心中十分苦恼。

兵荒马乱中，偶然间他听说赴英国的"庚款留学"开始招考，就毫不犹豫地前去报名，报考了其中的应用光学专业。那次考试，他和后来一起获得"两弹一星"功勋科学家称号的彭桓武同时考上了留英的物理专业。

1938 年 9 月，他和彭桓武从香港乘船去英国。王大珩默默地望着眼前那片渐渐远去的国土，默默地望着还在战火中呻吟的祖国，他们正从

这受难的国土上到另一个曾经侵略过中国的帝国去。这与 1907 年父亲去日本留学的情景何等相似！当年，父亲是在甲午战争炮火的敦促下走出国门的。

王大珩到英国后，走进了伦敦大学帝国学院物理系学习，主攻技术光学专业，不久发表了他的第一篇学术论文，题目是《在有球差存在下的最佳焦点》，这是一篇关于光学设计的论文。其中论述了光学系统中各级球差对最佳像点位置和质量的影响，创造性地提出了用优化理论导致以低级球差平衡残余高级球差并适当离焦的论点。直到今天，这篇论文还经常被国内外有关专著加以引用。

当时，雄居世界的大英帝国由于最早发展了工业文明，四处征战，不可一世地欺负弱小国家。英国人不曾想到看似瘦小的王大珩却有着很高的智慧。弱国有能人，王大珩的导师对这个矮小的中国学子充满信心地说："中国将来是有希望的！"

王大珩毕业之时，恰逢第二次世界大战的硝烟笼罩伦敦之日。1940年 8 月 24 日，纳粹德国的飞机空袭了伦敦。而英国皇家空军随后也报复性地轰炸了柏林。不列颠之战迅速升级，战争所需的光学玻璃由原来的 30 吨急增十倍。善于捕捉机遇的王大珩灵机一动，摄影机、照相机、经纬仪、望远镜、显微镜延长了人眼的功能，而它们都需要光学玻璃才能制作，这正是千载难逢的发展机遇，他何不去研究光学玻璃呢？于是，王大珩离开伦敦去了雪菲尔大学，在世界著名玻璃学家特纳教授指导下成为读光学的博士生。他如果继续深造，将获取博士学位。令人费解的是，他主动放弃了。1942 年，他选择了英国一家世界有名的光学玻璃制造公司昌司公司，以自身的学识进入光学玻璃制造技术研究领域。这对王大珩来说似乎有点屈才，尤其是放弃那富有吸引力又即将到手的博士学位，的确有点可惜。

然而王大珩有他独特而深刻的思维，他想的不是自己的名利，而是当时中国的实际情况，自己的祖国不但光学仪器理论是空白，光学材料的制造技术更是空白。他认定只有既懂理论又掌握制造技术，才能填补这片空白。

当时，光学仪器在战争中的作用受到交战各国的重视，光学玻璃的制造技术是保密的。他和另一同事最早研究稀土光学玻璃，并获得专利。这项写着中国人名字的专利，是他到昌司公司后的第一项科研成果。它不仅使昌司玻璃公司成为英国最早进入稀土光学领域的厂家，而且使王大珩成为英国最早研究稀土光学玻璃的人。

在精密测量光学折射仪器方面，王大珩发展了 V 棱镜折光仪，获得英国科学仪器协会第一届青年仪器发展奖，并在英国制成商品仪器。

有趣的是，1966 年英国在我国天津召开科学仪器展览会，一位英国科学家向中国来宾介绍说："各位来宾请注意，摆在你们面前的这台 V 棱镜精密折射仪的设计者是一位中国人，这位中国人 1945 年在我国获得了'第一届英国青年仪器发展奖'。当时，获此殊荣的只有三位青年人，其中一位就是中国的王大珩，你们应该为之而骄傲！"

王大珩以自己的智慧给中国人赢得了荣誉。在英国的十年，他走上一条全面发展的光学玻璃研究、设计、制造、技术的务实之路。令英国同事肃然起敬，他们挽留王大珩在英国留下来工作。而王大珩却从未有过要在国外长期待下去的念头。已过而立之年，他却迟迟不成家，为的就是"轻装"回到祖国。

王大珩每天独来独往地忙着研究光学技术，忍受着孤独和寂寞。直到有一天，在法国留学的钱三强到英国来看望老同学王大珩。

许多年不见了，钱三强还像当年在清华时一样热情奔放。当时，法国是中国共产党组织在欧洲最为活跃的一个国家，钱三强在法国已经与共产党有了很深的接触，受到了很大影响。他以压抑不住的热情，给王大珩介绍了许多国内情况。

钱三强的到来打破了王大珩表面平静的生活。从钱三强的谈话中，王大珩第一次听说毛泽东的《新民主主义论》，第一次了解到共产党的日益强大，国民党的日趋没落的国内局势。多年来一直渴望回国的想法一下子被激活了。他的眼前一亮，觉得回国的机会到了。

回国投奔共产党，在废墟中筹建仪器馆

1948年王大珩终于踏上阔别十载的国土，不久被任命为大连大学物理系主任，培养出大量人才。

中华人民共和国成立以后，李四光等科学家积极向政府建议我国发展光学仪器事业，设立仪器研究制造机构。

1951年1月24日，经钱三强推荐，中国科学院决定任命王大珩为仪器馆筹备委员会副主任，负责筹备工作。中华人民共和国的光学事业开始迈出了第一步。

何谓"第一步"？摆在王大珩面前的是中华人民共和国几乎就没有应用光学！"没有"，这既是一个令人灰心沮丧的现实，又是一个能激起人奋发图强的现实。

1951年2月，王大珩领到的筹建仪器馆的第一笔经费是银行储存不下的1400万斤小米。这里需要说明的是，当时不仅拨款用小米计算，甚至连工资都用小米来计算的。按当时的比值，1400万斤小米折合成旧币是98亿元，如果将那时的旧币98亿元折合成现在的人民币则是98万元。这笔以小米为计算单位的筹建经费自然不够用，王大珩必须精打细算。

1952年年初，王大珩开始了考察选址。当时的长春到处都是破房

子，残垣断壁的市区，随便要哪块场地都行，军管会用手那么一划拉，这一大片空地都归你了。王大珩在长春城里找不到像样的房子，就看中了铁北那个矗立在乱砖瓦中的大烟囱，兴冲冲地大声喊道："我就要那个大烟囱了！"

于是大家就跟着王大珩直奔那个大烟囱去了。因为没有烟囱建不起熔炼玻璃的炉子，搞不了光学玻璃。这个现成的烟囱能为他们节省 6 万元钱。

建仪器馆是从填炮弹坑、清除破坦克和盖房顶开始的。王大珩领着他带来的 28 个人，在这片千疮百孔的土地上一锹一锹地挖，一镐一镐地刨，硬是为仪器馆平出了一大片平平整整的地方，当年的老工人说："那会儿，王大珩哪还像个从国外回来的专家呀。整天和我们在一起建房子。住的是破房子，吃的是高粱米、大葱蘸大酱。天天干力气活，灰头土脸的跟工人没有两样。不说话看不出个谁是谁，一说话可就分出个儿来了，他一急嘴里老往外蹦洋词儿，那是洋话说习惯了，一时半会儿扳不过来。"

1953 年 1 月 23 日，中国科学院仪器馆正式成立。王大珩担任仪器馆副馆长，并代理馆长主持仪器馆工作。他面临的是国家急需大量的科学仪器，但当时国内想制造精密科学仪器，却拿不出制造它的材料——光学玻璃。王大珩说："我们想吃红烧肉，要从养猪做起。"他带领大家从制造自己的光学玻璃做起，他先是把在秦皇岛耀华玻璃公司工作的龚祖同先生调到长春光机所来，负责炼炉的建立。他又把从国外带回来的光学玻璃配方及制造过程中的技术资料全部铺展开来，他们的合作很快就取得了成果。

1953 年 12 月是中国光学史值得纪念的日子——长春仪器馆熔炼出了中国的第一炉光学玻璃。

显微镜等仪器相继问世，光学工艺、光学镀膜、光学设计、光学检验、光学计量测试等精密技术也初步打下基础。1953 年年底，在他领导下有五项科研成果获得了中国科学院东北分院的荣誉奖励。1957 年已能生产出国防军工所需的特殊光学玻璃，能与国际尖端技术并肩而行了。仪器馆在很短的时间内，便创造出了自己的品牌。

1957 年 4 月，仪器馆完成了它的历史使命，更名为"中国科学院光学精密机械研究所"（简称"光机所"）。王大珩担任第一任所长。

1958 年，王大珩领导长春光机所组织了两次大规模的技术攻关，在短短的三个多月时间里，攻下了电子显微镜、高温金相显微镜、多臂投影仪、高精度经纬仪、大型光谱仪、万能工具显微镜、晶体谱仪和光电测距仪"八大件"科研项目，而且还研制出十余种系列的颜色光学玻璃。

《人民日报》头版头条报道了王大珩主持的长春光机所研制出的这一系列的高新技术产品。这些科研成果的诞生，为后来的国防军事工业奠定了坚实的基础。

走进神秘的戈壁滩，光测原子弹和导弹……

20 世纪 50 年代末 60 年代初，苏联单方面撕毁援建协议，中止了正在中国开展的 200 多个科学技术合作项目，撤走了 1390 多名苏联专家，带走了全部的技术图纸。这一落井下石的行动造成了大批援建项目仓促下马，在建项目也由于没有了图纸和后续设备而陷入一片混乱，不得不被迫停建。

王大珩来到导弹试验基地的头一天，眼前一片苍凉。

王大珩是受命带队来到导弹试验基地的，任务是对苏联专家在这里干了一半的光测设备进行一次全面的"诊断"，排除故障，安装调试，使其能够尽快投入正常使用。受命的人员都经过了严格的筛选，一行人除王大珩外个个都是中共党员。

这是王大珩第一次走进神秘的戈壁滩。来之前，他有一种神秘感：不知道到哪里去，也不知道去做什么，更不知道要去多长时间。还有许多这样那样的不许，如不许通信联络、不许告诉亲友，等等。来到这里后，王大珩感觉更多的则是一种沉重感和使命感了。刚来时，基地司令员指着那堆瘫痪的仪器设备对王大珩说："看看吧，干得好好的，苏联专家突然扔下就走了。这都是钱堆起来的呀，看着真叫人心疼啊！说到底，国防上的事谁都靠不住，只能靠咱们自己！"王大珩听着就觉得周身的血不住地往头上涌。以后，王大珩在通往各个站点之间颠簸的搓板路上，想了很多很多。他不止一次想到了父亲对他讲述的甲午战争，想到了100多年来使我们国家屡屡蒙羞受辱的落后国防，想到了我们如今还要受制于人的尴尬现状。

整整五个月，王大珩带领大家没日没夜地干，硬是把苏联专家扔下的烂摊子捡了起来，把安装了一半的仪器设备全部装修完毕投入正常运行。

后来，在研究落实研制原子弹、导弹的各项工作时，钱学森说："原子弹、导弹中的光学设备一定要让长春光机所来做！"这句话既是对王大珩的信任，也是对长春光机所的鼓励。王大珩在危难之际挑起国防光学技术的大梁，这集技术光学、机械与精密机械仪器制造、光学材料、导航、红外物理等众多学科为一身的重任。因为光学不但是常规武器的眼睛，在原子弹、导弹的研制中更有着独特的地位。

为研制试验原子弹，急需爆炸试验的测试工作跟上去，但这项测试工作如何进行，取得哪些数据才有价值，以及如何分析和判断其使用价值等，大家都心中无数。万事开头难，因为是第一次搞这项工作，大量的难题等待着他们去破解。负责原子弹测试技术的同志对王大珩说："光学测试怎么搞，就看你们的方案了。"他要求在一年半的时间内完成。

当时，科技人员加班加点赶任务，王大珩就跟着加班，有什么问题当时就研究解决。叫劲的时候几天几夜不离开工作现场，困急眼了随便靠在哪打个盹儿，睁开眼睛再接着干。要知道，那是三年自然灾害的困难时期，是饿肚子的时候！一顿饭就一个二两的馒头，再加上高粱米糠，一多半的人浮肿。科研人员空着半个肚子，拖着两条肿得老粗的腿。可光机所办公室的灯光就是通宵不灭！

不到一年的时间，王大珩提交了合格的光学测量仪器。

1964 年 10 月 16 日，中国成功地爆炸了第一颗原子弹。王大珩和他的同事们研制的光学测试仪器在试验中取得了令人满意的效果，他们所负责的光学测试项目在原子弹爆炸试验中获得了圆满成功。

我国开始研制中程导弹以后，上级要求王大珩领导的长春光机所提供测量空间飞行体的轨道参数和飞行姿态的大型观测设备。这是一种集光学、精密机械和自动控制等为一体的综合性的大型精密光学跟踪电影经纬仪。

当时，世界上只有一个国家有这种东西，但出于技术保密原因，是买不来的。

王大珩作为这项任务的总设计师，提出了总体方案，他主张从预研到拿出成品，科研单位应一竿子插到底。由长春光机所总负责，限期做出样机，提供成品，直至现场安装调试、交付使用。

在各方面的配合下，该仪器做到了一次研制成功，为我国中程导弹发射试验提供了有鉴定性价值的数据，并为以后洲际导弹发射试验及卫星飞行试验提供了宝贵的测量数据和影像资料。这种仪器的提供使用，成为我国导弹发射试验使用国产大型精密仪器的开端。

他主持研制的光学仪器伴着高科技走天涯

1970 年 4 月 24 日，我国成功地发射了"东方红一号"人造地球卫星，进入了发展宇宙空间技术的时代。与此同时，对光学设备的要求也大大向前迈进了。如返回式卫星装备的对地观测的相机，同其他类型的光学设备不同，它与卫星本体密不可分，是整个卫星的主体部分，要和星体一起遨游在茫茫的太空，才能拍摄到地球清晰的图像。这种相机要求十分苛刻，它既要能经得起发射卫星时的剧烈震荡，还不能间隔调整，需要长期保持正常工作姿态。这个重担又落在了王大珩和他的同事们的肩上。

在设计方案论证过程中，王大珩提出在研制对地观测相机的同时，也要研制对星摄影的相机。为此，他亲自挂帅，成立了一个专门从事空间相机研制的科研部门。对星相机确定观测地点的位置，对图像进行姿态纠正是必须的。然而它的难点是，太空环境极不利于摄影。如烈日当空、地面日光反射极强，要把暗背景的一部分星相拍下来，难以消除影像中带有的强杂光。他们终于攻克了难关。两种相机同时问世，同时伴着卫星飞上太空。当卫星返回时，相机带回了地球村的全貌。

1980 年 5 月，我国向南太平洋发射洲际运载火箭试验成功。"远望号"航天测量船出色地完成了火箭再入段的跟踪测量任务。而它们使用的先进"武器"之一，就是王大珩率领的长春光机所研制的光学设备。

以后，在潜艇水下发射导弹的试验中，在跟踪测量同步卫星的轨道上，我国研制的大型光电经纬仪表现出的优异性能，完全可与世界上最先进的产品媲美。由于王大珩在我国国防光学科研中所作出的贡献，1980 年获全国劳动模范称号。1985 年"现代国防试验中的动态光学观测及测量技术"获国家科学技术进步特等奖，王大珩是首席获奖者。

聂荣臻元帅在回忆录中写道："值得一提的是在解决光学精密机械方面的问题时，长春光学精密机械研究所在所长王大珩同志领导下，作出了很大的贡献。"

经王大珩和他的同事们共同努力，现在我国已拥有 15 万多人的光学队伍、300 多个光学工厂、60 多个光学研究所，30 余所大学设立了光学专业……中国已成为令世人瞩目的光学大国。在王大珩的努力下，国际光学委员会（ICO），于 1987 年正式吸收中国为其会员国。由于王大珩杰出的成就和威望，1990 年 11 月，他被选为亚洲太平洋光学联合会（APOF）的副主席。

王老的科学生命还在他的学生身上延续、光大，他身后成长起一支朝气蓬勃的光学工程队伍。他不仅把自己的科研成果汇集到科学技术发展的历史长河中，而且把自己的才智融合在学生们的科研成果中。他期待的是中华科学技术的腾飞。

气若彩虹品如兰

——记天体物理学家程茂兰

程新民　程宝怀

2008 年秋，国家天文台在河北兴隆观测站举行建站 40 周年及缅怀程茂兰先生的集会，我们作为程茂兰的亲属应邀参加。归来之后，写下小诗一首："海外求索卅二年，归报祖国心毅然。殚思极虑攻天体，气若彩虹品如兰。"诗虽然短小，却概括了大伯程茂兰建设和发展祖国天文事业，孜孜不倦、无悔追求的一生。

从小表现出对天体物理的极大兴趣

大伯程茂兰，1905 年农历九月十八日出生在河北省博野县沙窝村。他自幼聪颖勤奋，好学上进。八岁时拜本村前清秀才程文翰为私塾先生。十几岁时，一本残旧的《晋书·天文志》使他对浩瀚的宇宙和茫茫星空产生了浓厚兴趣，这为他以后从事天体物理学的研究埋下了希望的种子。1924 年，他以优异的成绩毕业于保定省立第六中学。1925 年进入北京北安留法预备班。同年秋，20 岁的他离开父母妻女，远涉重洋赴法勤工俭学。由于当时家庭条件并不宽裕，父亲程洛棉务农兼做木工，借遍了村里村外所有的亲戚朋友，才勉强凑够路途的费用。

赴法勤工俭学

勤工俭学的生活是异常艰苦和紧张的，白天做工，夜晚学习，一切都是从零开始。1926 年，大伯进入查尔中学补习班学习法语，一年后转入拉尔斯综合工科学校。此间他认识了不少来法的中国青年：高阳的王守义（旅法侨民领袖）、张德禄、王书堂等，他们以后都成了各个领域中的精英。三年后，大伯因学习成绩优异，获中法大学的资助而进入雷蒙大学数理系。1932 年获学士学位后，又进入里昂大学数理系攻读硕士学位，并获得法国国立科学研究中心的奖学金。1934 年获得硕士学位后，他跟随 J. 迪费教授攻读天体物理学。迪费是法国著名实测天体物理学专家，专长于天体及夜天光光谱分析，当时任里昂天文台台长，并负责筹建法国最大的天体物理台——上普罗旺斯天文台。他指导大伯从事两项研究工作：著名的 B 型发射线星仙后座 γ 的光谱研究及著名的食变星英座 B（大陵五）的光度研究。

正当大伯全身心投入研究工作之际，1937 年卢沟桥事变发生。日本人在中国烧杀掳掠，无恶不作。日本军人的暴行传到法国，勤工俭学的学子们义愤填膺，纷纷要求回国参加抗日工作，大伯也不例外。他恨不得马上回到国内，加入全国人民的抗日战斗中。但考虑到大伯体质较弱，在法同乡会作出安排，要他继续留在法国完成学业，用科学知识报效祖国。这样，大伯才安下心来继续深造。就是在这种情绪激励下，大伯刻苦学习，废寝忘食，终于在 1939 年以两篇优秀论文获得法国国家数学科学博士学位。

正当大伯学业有成、准备回国之际，1940 年 5 月，德法战争爆发。法国国内一片混乱，铁路破坏，港口封锁，联络中断，处处是炮火和硝烟。无奈，在导师和同事们的挽留下，大伯只好继续随导师先在巴黎天体物理所，继而在里昂和上普罗旺斯天文台进行天体物理研究。在这个非常时期，他不顾个人安危和艰辛，以中国侨民身份留守天文台。他以对法西斯暴行的仇恨和中国人主持正义的信念，尽自己最大的力量，帮助反法西斯游击队员护理伤员，传送食品药品。他还和志同道合的女友玛丽·布洛什机智地掩护了不少同事和学生。为了表彰大伯和中国同志的功劳，战后法共当时的中央总书记多列士特地接见他并向他致谢。

在法取得优异成绩

战后，法国经济萧条，物资匮乏，大伯工作的天文台也遭到了破坏，许多仪器和设备都受到了损害，这使他的研究范围受到很大影响。但是大伯以中国人特有的吃苦耐劳和拼搏进取精神，克服重重困难：仪器缺乏就从旧货摊上寻来光学元件拼凑，有些找不到的零件就用相似或近似的物件代替……他利用可获得的各种条件，尽量选些可能获得结果的研究题目。当时，大伯工作条件并非先进，而是十分简陋，他常用的仪器也仅是口径 0.8 米及 1.2 米的中小型望远镜和一些简单的棱镜摄谱仪。但就是这样，凭着他夜以继日地工作和严肃认真的科学态度，在 1939 年至 1957 年间，共发表在世界天文领域中有较大影响的论文 68 篇。

由于科研成果丰硕，大伯的学术地位不断提高。1942 年，他晋升为里昂和上普罗旺斯天文台副研究员。1945 年晋升为研究员。1949 年 10 月成为法国国立研究中心的研究导师，这是一个外籍研究人员所能获得的最高职务。1956 年，他获得法国教育部颁发的骑士勋章。为了能留住大伯长期安心在法国工作，法国政府决定给他提供两个大学教授的职位和相应待遇，并安排了高级住宅。但是大伯说，我是炎黄子孙，我的根在中国。

被周总理任命为北京天文台第一任台长

中华人民共和国的成立，使大伯看到了中华民族复兴的希望和矗立世界民族之林的力量。与此同时，海外学子不断创造的学术成果也日益引起国内有关人士的关注。1955 年，国家派文化交流代表团去法访问，周恩来总理特委派画家王雪涛去法国了解大伯程茂兰的情况。回国后，王雪涛特地去河北博野县沙窝村大伯的老家看望，当得知他的弟弟程茂山在北京国家第四机械工业部工作时，即找到程茂山，告诉他大伯在法国的地址及通信方式，并希望叔父程茂山尽快与他联系，告诉他祖国日新月异的变化。就这样，叔父时常与他通信述说思念之情，并时常寄去杂志画报等有关资料，使大伯能详细了解国内大好形势。就这样，在周总理的直接关怀下，在中科院吴有训副院长等有关方面人士周到的安排下，茂兰大伯终于抛弃了优越的工作和生活条件，克服重重阻力，绕道瑞士于 1957 年 7 月回到阔别 32 年的祖国。

大伯以自己的爱国行动赢得了党和政府的信任。很快，周总理亲自签名，任命他为北京天文台筹建处主任，一级研究员，后改任北京天文台第一位台长。任职后，大伯仔细分析了当时中国天文学领域的现状，认为首要任务是抓基础设施建设，其次是培养天文科技人才，再次是对2.16 米望远镜的建设，最后是与国外进行广泛的学术交流。

之后，大伯全身心地投入了工作。在我们的记忆中，老家到北京只相距四五百里的路程，然而大伯自回国这 22 年的时间里只回过两次老家，每次也只是在家小住三五日，便匆匆返回京城。

1958 年，我（程宝怀）在河北北京师范学院（河北师范大学前身，当时校址在北京）读书，校址在土城子附近，离大伯住处很近，他便要我每个休息日去陪他并同他小住。每次去后，我们只是在客厅或院落中聊一会儿家常，他便进他的办公室工作了。每天我睡醒一觉后，还是见他房间灯亮着，并且几乎天天如此。有一次大概已后半夜，我见大伯屋里还亮着灯，就披衣走过去。我说，大伯你身体不好，可要留心啊！他放下手中的笔沉思片刻说："我睡不着呀，总理叫我挑的这副担子很重，我若做不好，没法向总理交代啊！"

家乡的亲戚朋友知道茂兰大伯在北京工作，有事进京的时候都要去看望他，每年都有不少次。人们不知道这样会过多分散他的精力。记得父亲曾说，因为这样的情况，大伯叫叔父给乡亲们捎话，说不要再这样单独来看望他，要来就多来几个，来了他好好招待一下。这之后，人们才知道大伯的时间是如此宝贵，工作是如此投入。

为中华人民共和国天文事业呕心沥血

在基础建设中，天体物理台址的勘造工作十分重要。他是第一个把近代国际天文选址概念和方法引进中国的天文学家。为取得第一手资料，他不顾自己年老体弱，带领一支由青年人组成的队伍，在海拔 1000 多米燕山深处的荒山密林中风餐露宿、顶风冒雪地工作。他或扶拐，或骑驴，或相互搀扶，攀爬跋涉，走遍了山山岭岭，从河北的涞水、易县，到香山附近，再到门头沟，最后选择了最理想的河北兴隆。这数月数日的繁忙，每一步、每一寸土地，都渗透着大伯的心血和汗水。

十年树木，百年树人。培养新生的天文科技人才，是大伯费心费力、投入最大的一项。记得大伯的女儿桐姐说过，大伯晚年身体不好，时常去宽街附近的一家医院作针灸治疗。一次大伯收拾完毕在门口的路旁等车，恰好他的一位学生前来求教，两人就在路旁的树荫下交谈起来。大伯由浅入深、由表及里地给学生耐心讲解、论证，不知不觉过去了一个多小时，直到听见汽车的喇叭声，他才回过神来，拍拍脑门说，又失约了，真对不起！和医生又失约了，这一"又"字，可以看出这样的情况不止发生过一次。据有关资料记载，他不但自己亲自带学生，言传身教，耐心指导，还支持北京师范大学建立天文系，同时寻求在北京大学地球物理系设立天体物理专业，还设法在北京天文台筹备处以中国科技大学二部的名义开办天体物理训练班，招收学生。这些措施对于我国天文事业的发展是非常必要的，而这些人员在以后我国天文领域中都作出了不小的贡献，成为我国天文界的中坚力量。

要发展我国的实测天体物理，必须有聚光本领足够强大的光学望远镜。大伯回国后，即建议向英国一家公司订购口径 1.8 米左右的光学望远镜，但谈判未能成功。在这种情况下，他提出要自力更生研发我国自己的高倍望远镜的建议。他亲自组织力量，搜集资料，设计图纸，反复讨论，并亲自率队赴南京、长春等地召开研究会议，详细讨论，提出自己的意见，并在全国人大会上提出议案。他还亲自考察了北京龙山玻璃厂和成都玻璃厂，并积极支持在上海新沪玻璃厂研制这种望远镜。就这样，他们一步步向着我国自力更生研制 2.16 米望远镜的道路迈进，并希望赶上或超过世界先进的天体物理光学仪器水平。

加强与世界各国天文科学工作者的友谊，促进与外国天文界的学术交流，是茂兰大伯的另一项重要工作。回国后不久，他便率团参加了在莫斯科举行的第十届国际天文联合大会。1966 年，他以北京天文台台长的身份去法国访问，与阔别九年的同事朋友们交流新的科研成果，为加强中法科技界与人民的友谊，奠定了长期合作的基础。1977 年后，他又多次接待了许多来自法国、美国、英国等地的访问团，这些活动恢复了多年中断的中外合作交流，并对恢复我国在国际天文学联合会的合法地位起到了积极的促进作用。

不幸的是，正当大伯怀着一颗赤子之心努力工作之际，因积劳成疾，旧病复发，大伯于 1978 年 12 月 31 日去世，享年 73 岁。回国 22 年间，大伯兢兢业业，全身心地投入工作。他的工作得到了党和国家、人民的赞誉，并给予不少的荣誉。他是第二、第三届全国人大代表，中国天文学会第二、第三届理事会副理事长，中国科学院数理化学天文委员会副主任委员，等等。

为了永远纪念这位中国近代实测天体物理学的奠基人和他的卓越功勋，2001 年，在河北兴隆观测站建立了高八尺的程茂兰半身铜像。以程茂兰命名的、国际永久编号的第 47005 号小行星也永远在浩瀚的星空中闪烁翱翔。

长空作证，气若彩虹，品如幽兰。

童第周的治学为人之道

———

童时中

思想要奔放　工作要严密

记得 20 世纪 80 年代初，我去天津出差，惊奇地发现在某家企业的一面墙上赫然写着"思想要奔放 工作要严密"两行大字，落款是我的父亲童第周。当时行程仓促，匆匆把它抄了下来（当时我尚未见到发表在《中国青年报》1979 年 3 月 10 日上的《思想要奔放工作要严密——记著名生物学家童第周教授对青年的一席话》一文）就赶路了。细细品味起来，这 10 个字中富含哲理。这既是他一生做学问的座右铭，也是他取得成功的秘诀和法宝。

父亲是一位非常勤奋好学的博学之士，读书对他来说如同吃饭穿衣一样重要，须臾不可离。记得晚年的他有一次晕倒在办公楼的楼梯上，经医生诊断认为是由于血管硬化和劳累所致，建议他卧床休息。然而，他是享不惯"清福"的人，在床上躺不住，要起来看书，但看几分钟就头晕。那几天我看他坐立不宁，问及原因，他说："不能看书是最痛苦的事。"平时，买书是他的一大爱好，他经常去外文书店，与经理很熟，经理常把新版的生物学方面的书给他单独留出。"文革"期间，他被扣上"反动学术权威"的帽子，进了"牛棚"。家住的四室一厅的房子几经调整，最后被迫迁移到一间仅有九平方米的小屋内，一张大床、一张小床、一张书桌，只能放得下一张椅子，并且只有移动椅子才能走路。原来几大书柜的书，选出一部分塞满了床底下，其他的书既不准放到研究室，送给研究所也不要，只好作为废纸卖掉。父亲从"牛棚"出来后，急于上马他已构思好的新的研究课题，却找不到某些所需的外文书，为此他感叹不已。他马上着手自费订购外文书刊，又成了外文书店的常客，如饥似渴地了解国际上的研究动态。他经常说："研究成果的水平与基础知识（包括最新信息）之间的关系犹如金字塔，有广阔的知识面才能使研究成果具有更高的水平。"他回忆说，他在大学教书时，经常主动承担新课目，讲授多门相关的专业课，扩展了知识面，为后来的研究工作开拓了思路。当然，这是以辛勤的付出为代价的。有一次，我问他关于读书和积累知识的方法，他说："对于某个专业方面的知识，应认准一本比较权威的专著，认真全面地读，弄清这个专业的来龙去脉和所包含的内容。然后博览群书和最新的科技杂志，就知道哪些方面又有了新的进展，哪些方面是薄弱环节，你就有了研究方向。"他还提出了工作方法的三个方面：详细了解各派学说的基本观念和内容实质，进行分析，"取其精华去其糟粕"；积累和整理现有的科研成果，不利用这些从科学实验得来的丰富资料，任何思想概念将是"无源之水，无本之木"；积极进行科学实验，进行新的探索。

父亲是一个非常好强的人。在科学研究中，他始终坚持要有独创精神，善于抓住新动向和新苗头，进行系统深入的富有特色的研究工作。

他认为："外国的先进技术需要学习，但要把学习和创新结合起来。盲目地跟着人家学，就只能跟在人家后面跑，唯有创新才能迎头赶上。""文革"期间有人想贬低他的"学术权威"形象，批评他用金鱼作为实验材料，而国外是用鼠，从而证明他不懂得真正的实验工作。父亲听了觉得又好气又好笑，他说："外国人之所以用大白鼠作为实验材料，是因为它繁殖能力强、换代快，几年时间就可看到遗传性状改变的情况；然而，金鱼的发育周期更短，饲养方便，第二年就可看到结果。我们为什么不可以选用中国特有的金鱼作为试验材料，而要去盲目地仿效外国人的做法。不懂得创新，如何推动科学的发展？"父亲考虑问题的思路非常开阔，他经常强调一个人的视野不能太窄，要注意学习和运用相关边缘学科的知识和方法。他在科学研究中有意识地运用哲学中的观点尤其是辩证唯物论的方法指导研究工作的进行。这可能与他大学时代曾就读于哲学系心理专业有关。他曾说："我一向主张，科学家要学习马列主义哲学，用哲学来指导自己的科学研究工作，这是很有必要的。"拨乱反正后，科学技术的发展受到了空前的重视，请父亲讲学的络绎不绝。有一天清晨，听广播中报道父亲在某地讲学中大谈学习辩证法的重要性。我当即问父亲，人家想听你讲生物学的发展，你为何谈辩证法？他说："唯物辩证法是一种普遍真理，一个人不应只把自己的思维局限在某一学科或专业之内，辩证思维方法对揭示事物的内在规律和本质是一种很有效的方法，而这一点恰恰为许多科技工作者所忽视。"他接着说："在解放初，华岗同志（当时的山东大学校长）指导我读唯物辩证法等书，对后来研究工作很有启发。科技工作者懂得辩证法，可以减少研究工作中的片面性，少走弯路。我是想把自己运用辩证法的心得体会告诉大家。"父亲不仅思路敏捷，勇于探索和创新，而且勤于实践。他常说："世界上没有天才，天才是用劳动换来的。"他在进行核质关系研究时，已是 70 岁高龄的人，有一篇题为"让我们活得更年轻"的报告文学中，对他所进行的工作作了如下描述："在显微镜旁，我们看到了一种高超的艺术，实验对象是比米粒还小的金鱼卵细胞，只见那双手以惊人的准确和敏捷，夹住卵膜的一端，均匀地向两边一撕，卵膜就被剥离得干干净净。显微镜下又探来一根比绣花针细得多的玻璃针，给脱掉衣服的小家伙，一个接一个地进行了注射。短短的半小时里，同样的手术重复了二三十次。全部动作是那么娴熟、优美、富于节奏。"这篇报告文学是围绕着这双灵巧的双手展开的。我也曾问过父亲："你已 70 多岁了，在显微镜下做细胞核移植这种精细手术，手不发抖吗？"他说："经常做这种工作，已习惯了，熟能生巧嘛。"事实上，他的那双灵巧而精确的手，早在比利时留学时，就因攻克了难度高的剥除青蛙卵膜的手术而使欧洲同行惊叹；抗战时期在四川某大学的一次科研成果展示会上，展出了由他嫁接、能在水中漫游的双头金鱼和多尾金鱼，引起了轰动。他几十年如一日地战斗在科研第一线，苦练所造就的基本功，在 70 余岁时仍能运用自如，可谓是"宝刀不老"。

他经常强调："科学是老老实实的学问，研究工作一定要做到精确，来不得半点马虎和虚假。"他常对助手们说："我们的实验数据要经得起时间的考验，对实验结果的评价要留有余地。""搞科学研究要坚持实事求是，有五分成果只能写五分，绝不能写成六分。"

他晚年身兼数职，公务繁忙，但他从不放弃实验工作。除公务活动外，每天都去实验室工作，他甚至向领导提出，应保证他 5/6 的科研时间（即每周 6 天，至少保证 5 天），继续用分秒必争的顽强精神，战斗在科学实验的第一线。在 1978 年的科学大会后，他雄心不老，决心要带领大家大干一场，他亲手制定了五年、十年的科研规划。虽然他未能亲眼看到亲自筹办的一个现代化的发育生物研究所的诞生，但他的"生命不息、创新不止"的精神、"思想要奔放，工作要严密"的治学之道却长留人间。

办事要公道　为人要正直

"科学是老老实实的学问"是父亲经常挂在嘴边的话，在做学问的同时也铸就了他的人品。一个卓越的科学家留给人间的遗产，不仅仅是他的工作业绩，还有他为人师表的崇高品德。正如爱因斯坦在居里夫人追悼会上所做的感人肺腑的演讲中所表述的："我们不要仅仅满足于回忆她的工作成果对人类已经作出的贡献。第一流人物对于时代和历史进程的意义，在其道德品质方面，也许比单纯才智方面的成就还要大……她的坚强，她的意志的纯洁，她的律己之严，她的公正不阿。她在任何时候都意识到自己是社会的公仆。"

父亲年轻时抱着"科学救国"的理想踏上了科研之路，发奋要在学术研究上赶超外国人。在比利时留学时，他对一切敢于侮辱中国人尊严的人，总是要奋起进行唇枪舌剑的争论。"九一八"事变发生时，他联络几个中国学生，起草呼吁书，号召并组织五大城市的中国留学生一起到比京日本大使馆前抗议示威，被比利时警察以"扰乱治安"为借口而拘留，并判两个星期的徒刑，后在公众舆论压力下才被无罪释放。在比利时获得博士学位后，他本可留在那里继续发展，但他要把自己的聪明才智献给内忧外患中的祖国，毅然回国。

抗日战争时期，他在重庆复旦大学执教时，与国民党三青团分子展开了面对面的斗争，并与其他教授们联名罢教抗议，迫使校方处分了那几个三青团骨干分子。有一次，他甚至当面大声斥责一个国民党 CC 特务说："你们的三民主义已经变成了民亡主义、民奴主义、民穷主义！"

抗战胜利后，他回到在青岛的山东大学任教，作为山东大学教职员会主席，为了抗议国民党反动派对教员的虐待，他投入了历时一个多月的罢课斗争。当山东大学学生冲上街头开展"反饥饿、反内战、反迫害"的英勇斗争时，受到国民党军警的残酷镇压，血洒街头。我们三个孩子的卧室是在临街的二楼上，对此看得一清二楚。当时父亲不顾个人安危，以教职员会主席的身份与几位教授赶赴警备司令部交涉，要求释放被捕学生，并到监狱探望学生。当时国民党严格封锁消息，各报刊一律不许刊登镇压学生运动的新闻，只有一家英文版的《民言报》刊载了这一消息。父亲联络几位教师，买来很多份《民言报》，封装后连夜投到几个邮筒，寄到全国各地。此后，他奔赴美国讲学，在这期间，他密切关注国内的政治动向，发表了许多抨击国民党反动派的言论，曾受到国民党特务的警告和威胁。在听到解放战争捷报频传后，他克制不住内心的喜悦，急着要回国。当时有人以优厚的条件挽留他在美国工作，他谢绝说："我是中国人，我的最大愿望就是，中国快些富强起来！我在国外学到的科学知识，必须为中国服务，现在中国有希望了，我得赶快回去。"为避开国民党特务的盯梢，他化名乘船回国。

父亲经常向我们讲述旧社会的黑暗腐败，他为新社会的诞生而欢欣鼓舞。中华人民共和国成立之初，他以进步爱国人士的身份身兼十余种社会工作。但是，新社会也不全是阳光和鲜花，也仍然存在着旧思想、旧作风，甚至邪恶势力。中华人民共和国成立之初，当时青岛的军管会主任在接收山东大学后，推行一条极"左"路线，父亲对此看不下去，他以自己的无私与正直，团结一些教师与之展开斗争。后来中央及时派华岗就任山东大学校长。华岗以其深厚的学术根底和丰富的统战工作经验，很快使山东大学走上了正轨。然而，"胡风反革命集团"事件牵连了华岗，他被捕入狱，迟迟未给出结论。父亲虽不知事情的内幕，但是凭他的直觉，认为华岗（解放前坐过七年监狱）不是那种反党、反人民的反革命分子，他冒着某种政治上的风险，应华岗女儿之请求，多次向中央递送申诉材料。

在"四人帮"横行的疯狂岁月中，他在心灵和肉体上受尽了折磨和摧残。起初，他被列入"资产阶级反动学术权威"，在反复写"交代材料"期间，他被关进了"牛棚"，人们可看到他打扫厕所、挑水、拉煤渣的身影，这对于一位长期从事脑力劳动、体重不足百斤、年近七旬的老人来说，不能不说是一种极其残酷的折磨。出"牛棚"时，他脸部水肿，步履蹒跚。但他对这些体罚只字不提，唯独让他不能容忍的是"四人帮"对科学事业的摧残。1973年，他与美籍科学家牛满江教授合作的关于细胞中核与质关系的研究取得了初步成果，并在《人民日报》上向世人公布。1974年，随着所谓"批林批孔"运动的开展，刮起了大反基础理论的妖风（矛头指向敬爱的周总理），他和他的研究工作又成了被攻击的中心。为了扼杀这项研究工作，借以突出政治，"四人帮"令外事部门出面，要父亲写信给牛满江，叫他今年不要来华工作，遭到父亲拒绝，"我没有理由不让他来，我欢迎他来工作。"过几天又找他，叫他以准备工作没有做好为由，不让牛教授来华，父亲明确地说："我准备工作做得很充分，立即就可开展工作。你们不让他来，那是你们的事。"他顶住多次的威胁利诱，就是不写这封信。但事情并没有就此而止，不仅牛满江来不了，连他们自己的研究工作也被迫暂停。不让他干工作是最令他痛苦的事。这个时期他话很少，周围的人既为他的健康担心，也担心他经受不住这样的打击。然而，淫威只会使懦夫屈服，却使勇士更加坚强。他是一个倔强的汉子，他很痛苦，但更重要的是在思考对策。在众人的期盼中，他终于开口了："他们这样搞无非是不让我们工作，那可不行，他们说他们的，我们干我们的。"在北京干不下去了，干脆带着课题组部分人员到武汉、沙市去"开门搞科研"。

　　父亲对那些不按科学精神办事的人，对那些弄虚作假，甚至为了个人目的而歪曲事实的人，态度是严厉的；对科学的态度是严肃的；对工作的态度是严密的。这种对人对事的认真态度有时似乎给人以严肃有余的印象。但作为教育家，他为我国培养出了一批杰出的生物科学家，并持续地关心着他们的工作。但他从来不以老师自居，而以朋友相处。他曾说："一个人不可能永远是别人的老师，因为时代在前进，但他却可以永远成为别人的朋友。"然而，他对于他自己的老师蔡翘教授（军事医学科学院副院长）却尊敬有加，给老师拜年是每年春节必不可少的一项最重要的活动。他的谦虚待人也赢得了别人对他的尊敬，与他合作的美籍华裔教授牛满江曾回忆说："我所以称他为老师，是因为他高尚的胸怀，渊博的学问，一心致力于科研事业，无私忘我的精神。他虽然没有在课堂上教过我，但是他的身教胜过言教，使我深受教育，我尊重他，所以称他做老师。"在第一次科学大会后，随着全国掀起的"学科学"热，来自全国各地的信像雪片飞来，堆满了他的桌子。其中提出了各式各样的问题，他一一作答，常写信至深夜。据我们统计，有一个月，仅邮费就用去了约 21 元（当时 8 分钱一封信）。我们劝他不必如此认真，他却说："人家尊重你，你不应该摆架子，不回复是不礼貌的。"记得有一对年轻夫妻，因为孩子不像父亲，夫妻间发生了矛盾，来信询问鉴别方法，父亲写了一封较长的回信，解释了生物遗传的隐性和显性的问题，还劝说：夫妻间相处最重要的是互相尊重、互相信任，否则即使不为孩子的事，也会因其他的事而闹纠纷。见信后夫妻二人言归于好，并深感惭愧，特回信表示感谢。但与此形成对照的是，我在外地学习、工作的 24 年中，由他写的家信仅收到过一封（因工作忙，都由母亲给我们写信）。他总是这样，处处先替他人着想。

　　父亲对我们子女的要求是很严格的，而他在孩子们面前总是严于律己，身先士卒。他强调，说话办事要认真，要老老实实，实事求是，哪怕对小孩子也不许哄骗，说到必须做到。在家里我们有时为了哄孩子，答应星期天带孩子去公园玩，到时候父亲一定要叫我们说到办到，他说："即使是对孩子也不能说假话，要从小培养这些品质。"

他处处严于律己、廉洁奉公。我母亲不仅是他生活上的伴侣，而且是他科研工作上配合默契的益友。他们二人几十年形影不离，朝夕相处，共同度过了四五十年的教学与科研生涯。"文革"期间有一个日本科学家代表团来访，找到外事部门，欲会见著名的女科学家叶毓芬先生（当时形势下未能会见），并拿出一本出版的书，指着书上我母亲的照片。但母亲直至去世仍只是一个副教授，而与她一起共事的老师都早已升为教授了。其间，她至少有三次机会升教授，但都失之交臂，因为父亲一直是她的"顶头上司"，名单报到了他那里，总是把升级的名额留给了别人。为此，母亲与我们谈起来一直感到很委屈，当然，我们对此是非常理解的。母亲的去世给父亲带来沉重的打击、无限的悲痛，常见他坐在那里陷入痛苦的沉思，他流着泪对我们说："我对不起她，她这几天不舒服，我没有陪她去看病……她工作成绩很出色，但由于我，却未能升为教授。"

父亲的外貌及举止极其平凡，朴素无华，平时他不喜欢夸夸其谈，也很少有什么豪言壮语，他以他的实际行动对我们进行着无声的教育。在生活中，类似于上述的事例不胜枚举。因为，"办事公道，为人正直"是他待人处事的基本准则。在父亲的身上，我体会到了"伟大寓于平凡"这一真理。

用中国古人的智慧引领数学的未来

——记首届国家最高科技奖获得者、世界著名数学家吴文俊

王学信

2009 年 7 月 14 日，第八次全国归侨侨眷代表大会正在北京人民大会堂举行。胡锦涛等原中央政治局全体常委向此次荣膺"全国侨界十杰"称号的十位杰出人士颁奖。其中最引人瞩目的当属年届 90 高龄的世界著名数学家吴文俊先生。

在中国，乃至世界科学领域，吴文俊先生都是颇具影响力的杰出学术领军人物。作为中国科学院资深院士和第三世界科学院院士，吴文俊先生以其对科学的重大贡献，相继荣获首届国家自然科学一等奖、首届国家最高科学技术奖、中国科学院自然科学一等奖等诸多国内外重大奖项。

他尝到了读书的快乐

1919 年 5 月，吴文俊出生在上海一个普通知识分子家庭。其祖父亦

为读书人，早年在老家浙江嘉兴乡间教私塾，十分清苦，后因战乱迁至上海青浦县朱家角。父亲吴福桐长于上海，就读于上海南洋公学。勤奋好学的吴福桐如饥似渴地学习着近代西方科学，同时打下了良好的英文基础。这使他在毕业后如愿以偿地进入一家医学出版社，从事英文编译工作，有了稳定的经济收入，并拥有了一个幸福美满的家庭。

作为长子的吴文俊，很快便有了两个可爱的妹妹和一个弟弟，然而，天有不测风云，幼小的弟弟不慎从楼梯上摔下来，很快就夭折了。此事对吴文俊父母影响极大，痛失幼弟顿时使吴文俊成为家中唯一的男孩，父母把太多的期望寄托在他的身上。平时对他格外呵护，连他到弄堂里去玩，都放心不下，生怕再有什么意外，不过，这也使吴文俊从小养成了静处家中、好学深思的习惯。谁也没想到的是，这个习惯的养成竟令他终身受益。

在吴文俊四岁时，父母便把他送到离家最近的弄堂小学读书，这样的小学很像现在的学前班，既有老师悉心照顾，课程也非常简单，可以有许多空余时间在家。而一向酷爱读书的父亲拥有大量中外藏书，父亲常常指着这些书对他说，那里可比外面好玩多呢！于是，父亲便由简到繁，把书一本本翻开，先是讲解，后是指导，手把手引领他进入浩瀚的知识海洋，教会和培养了他极强的自学能力。几年过去了，这些中外典籍使吴文俊产生了浓厚的兴趣，他"扑在书本上，就像饥饿的人扑在面包上一样"，他真正尝到了读书的快乐。

读书报国是他矢志不渝的信念

在吴文俊孩提时代的记忆里，父亲通常都是望着远方，发出一声长叹。

很快，他便亲身感受到民族的危难与生活的辛酸，日本军国主义继

1931 年东北"九一八"事变后，翌年又在上海制造"一·二八"事变。刚念初中的吴文俊被家人辗转送回浙江老家，以避战乱。

1933 年 8 月，14 岁的吴文俊重返上海正始中学校园读书时，很多课程都落在了同学们的后头，努力一下尚可应付，而数学对他来说则无异于"天方夜谭"，因为他最初并不喜欢数学，其间又空了一年多数学课，结果，期末数学考试这位未来的大数学家竟然只得了零分。面对亲友怨艾的目光和同学们的讥讽，吴文俊几乎无地自容，"知耻而后勇"，整个寒假他足不出户，潜心苦读。凭着超强的自学能力和感悟，他发现数学王国有着无穷乐趣，徜徉其中，颇有自得之乐。在接下来的新学年，吴文俊的数学成绩扶摇直上，竟在全年级名列前茅，其中尤以几何最为突出。在一次难度颇大的物理考试中，他的成绩极为出色，竟也得益于其数学能力，这给物理老师留下深刻印象。高中毕业时，校方讨论保送名单，物理老师慧眼识珠，荐举吴文俊专攻数学。于是这位正始中学的"数理王子"由校方提供奖学金，保送上海南洋大学数学系攻读，开启了他毕生的学术漫漫之旅。

四年寒窗苦读，吴文俊秉持历代先贤读书报国的理念发愤钻研，成绩极为优异。大三时他学了实变函数论课，颇有心得，于是，他遍读相关数学经典著述，很快进入康托尔集合，钻研尚鲜未为人知的数学前沿分支——点集拓扑。1940 年 7 月，由南洋大学毕业的吴文俊拒绝了日伪资助他到日本深造的诱惑，毅然来到上海郊区的中学任教，先是育英中学，继而是培真中学。教课之余，他也进行一些研究，但尚属盲人瞎马，不得其要。五年后，一个难得的机遇惠顾了他，再次改变了他的命运。

他不负师恩，以"吴公式"蜚声欧洲学术界

1946 年年初，吴文俊被上海临时大学聘为数学系助教。其时，国际著名数学家陈省身教授应邀回国，筹建中央研究院数学研究所。吴文俊写了一篇综合论述点集拓扑的文章，拿给陈先生看，结果被陈先生一口否定，给得意的他兜头一瓢冷水。

陈先生指出，你这篇文章只是从一个概念到另一个概念，而概念是人为的，不是客观世界。如果只是追求概念与概念之间的逻辑关系，并不符合人类对客观世界的真正认知。陈省身教授的当头棒喝，令吴文俊醍醐灌顶。"我马上醒悟了，如果还是按那个道路走下去，是永远没有出路的。"多年以后，吴文俊回忆说。

吴文俊终于如愿以偿和其他十几位国内著名大学数学系毕业的青年才俊一起，进入数学研究所做助理研究员，亲聆陈省身教授教诲。当时，陈先生每周都要为他们讲授 12 个小时的拓扑学，这是那时最前沿的数学研究领域。在陈先生引导下，吴文俊开始研究美国拓扑学大师惠特尼所提出的对偶定理。他回忆说："陈先生曾特别指出，惠特尼发现并提出的这个公式非常重要，但里面模模糊糊，只是简单地讲了一下，最好能够补出一个证明来。那是我第一篇重要的文章，实际上，这篇文章等于是陈先生帮我写的，或者说就是他写的，后来发表在美国最主要的学术杂志上。"他的这项成果已经成为拓扑学中的经典，一位入门不久的中国青年学人取得如此重大学术成果，令国际数学界人士深感不可思议。

吴文俊对惠特尼对偶定理简洁、新颖的证明，令陈省身教授大为惊喜，他立即选派吴文俊赴法国留学深造。1947 年 11 月，吴文俊风尘仆仆来到法国巴黎，进入斯特拉斯堡大学攻读博士学位。在此期间，他刻

苦钻研，在拓扑学示性类及相关运算方面取得关键性成果，被称为"吴（第一）公式"，为拓扑学及相关领域的发展开辟了新的方向。1949 年，他获得法国国家科学博士学位，并应 H. 嘉当教授邀请进入巴黎国家科学研究中心工作。吴文俊继续全力向拓扑学进军，在微分流形上引入了一类示性类，建立了施替费尔与惠特尼示性类彼此的关系式，国际数学界将此命名为"吴（第二）公式"。恩师陈省身对此也作出了高度评价，他认为，吴文俊的该项研究成果对纤维丛示性类研究作出了划时代的贡献。

他与钱学森、华罗庚同获国家自然科学一等奖

正当吴文俊蜚声欧洲学术界之际，中华人民共和国的成立在他心中引起持久的激动。1951 年夏秋之交，年轻的旅欧学子吴文俊放弃在欧洲的优越工作和生活条件，返回百废待兴、急需各类专门人才的祖国，来到北京，担任北京大学数学系教授，时年 32 岁。一年后，他被调到中国科学院数学研究所任研究员。

在数学所，吴文俊继续他在拓扑学领域的开拓性研究。他在代数拓扑学示嵌类方面，独创性地发现了新的拓扑不变量，其中关于多面体的嵌入与侵入方面的成果，至今仍居世界数学界领先地位，被学术界称为"吴示嵌类"。那么，什么是拓扑学，其研究意义又在哪里呢？

原来，在数学领域，拓扑学主要研究几何形体的连续性，是诸多数学分支的重要基础，被学术界公认为现代数学的两大支柱之一。拓扑学示性类研究主要为刻画流行与纤维丛的基本不变量。20 世纪 40 年代，此类研究正处于初始阶段，瑞士的斯蒂费尔、美国的惠特尼、苏联的庞特里亚金和中国的陈省身等著名数学家先后从不同角度引入示性类概念，对此进行描述。吴文俊的贡献则在于他将示性类概念由繁化简，由

难变易，引入全新的方法和手段，即"吴（第一）公式"和"吴（第二）公式"，给出了各种示性类之间的关系和计算方法，产生了一系列在科技领域的重要应用，从而使该理论成为拓扑学中完美的篇章。而"吴示嵌类"的引入和应用也具有同样重要的意义。

特别值得提起的是，在 20 世纪 50 年代，拓扑学主导了现代数学科学的发展，被誉为"现代数学女王"。正是吴文俊和同时代的几位数学大家的共同努力和辛勤工作，推动了拓扑学的蓬勃发展，为其后数十年的世界高新科技发展提供了强有力的数学"武器库"。鉴于吴文俊在拓扑学领域的卓越贡献，1956 年，37 岁的他有幸与著名科学家钱学森和华罗庚一起获得首届国家自然科学一等奖。翌年，他当选为中国科学院最年轻的学部委员（后改称院士）。1958 年，吴文俊应邀在四年一届的世界数学家大会作拓扑学示嵌类研究成果报告，这在国际数学界被认为是极高的荣誉。

他重新发现了中国古代数学的巨大价值

吴文俊在数学王国的探索从来就没有停止过，从 1958 年开始，他又一头扎向策论的研究。"文革"之初，他远离政治风暴的喧嚣，默默地关注于示嵌类理论与线性图平面的相关问题。1970 年，他又提出了 I 量度的全新概念。然而，"文革"浪潮还是中止了他继续研究拓扑学的脚步。他回忆说："那时候你要真正搞拓扑还是有麻烦，有许多阻力的，说你走资产阶级学术道路。"那么，下面的路该怎么走，吴文俊陷入深深的思考之中……

说来也巧，命运再次给他提供了一个想都没有想过的机遇。"文革"中后期，伴随政治运动中评法批儒、批林批孔，以及评《红楼》、批《水浒》的需要，上面允许读一些古书。当时，中科院系统科学研究所所长关肇直出了个主意，借助这个政治潮流，大家一起学习中国的古代数学。这可真应了那句老话——"歪打正着"。

"由于从前极少接触，我对中国的古代数学不感兴趣，我所知道的都是从外国的书上看到的，中国的古代数学都是些加减乘除，乱七八糟无聊的东西，不值得考虑，所以我从来不看。"多年以后，吴文俊回忆道："就在那个情势之下，我倒觉得好奇了。我就向关肇直借书，然后再跑图书馆。开头也是不懂，因为是古文，我看不懂，那就先看通俗的，再看原文，就这样慢慢一点点弄懂。"

最后，吴文俊终于弄懂了，原来中国古代数学之路与西方传统的公理化数学之路不一样，是另外一套体系，不考虑定理，主要是为了解决形形色色的问题，自然而然发展到解方程。而中国古代数学解方程也是一步步地做，第一步怎么做，然后是第二步、第三步……用现代语言来讲就是程序，其计算方法可以变成程序，输入计算机，最后给出所要求的答案，这就是中国的数学。因此，可以说中国古代数学是非常契合当今计算机时代的数学。

在吴文俊眼里，中国古代数学就是一部算法大全，其中包含着世界最早的几何学、最早的方程组、最古老的矩阵……尽管中国古代数学的巨大价值已被人们淡忘，但吴文俊却敏锐地洞察出其中所具有的独特的机械化思想，它能够把几何问题转化成代数，再编成程序，输进电脑进行操作，从而代替大量复杂的人工演算，进而推动科学发展。这就是机器证明，吴文俊将其命名为"数学机械化"。

他的"吴方法"给国际学术界带来更大的惊喜

设想是浪漫而美丽的，而实现设想则现实而艰辛。1976 年年底，吴文俊年近花甲，从头开始学习计算机语言，编制计算机程序，尝尽了在微机上操作的寂寞与清苦。

在那段时间内，他每天的工作日程都是这样安排的：清早他来到机房外等候开门，进入机房后便八九个小时不间断地工作，直到下午 5 时左右，他才步行回家吃饭，并利用这个空余思考和分析研究进度及计算结果。到傍晚 7 时左右，他又来到机房继续工作，常常在午夜之后才回家休息，然后，清晨又回到机房。

几个月的艰辛有了最初的回报，翌年春节前，他成功地用计算机证明了初等几何的一些定理。吴文俊深感振奋，继续拼搏，全面扩大战果，更多的几何定理被他用机器证明出来。1979 年，吴文俊的最新科研成果《几何定理机器证明的基本原理》得到学术界的高度评价，荣获中国科学院自然科学一等奖。

1984 年，"全美定理机器学术会议"在美国科罗拉多州丹佛市近郊的格里美大学举行，100 余名与会专家、学者全是国际数学自动推理领域的精英人士。一个不被人注意的来自东方的年轻人向大会提交了一篇《用吴方法证明几何定理》的论文，并用电脑现场演示，他叫周咸青。当他轻松自如地用短短十几分钟证明了几百条几何定理时，整个会场轰动了。此前，所有几何定理的机器证明均沿袭泰斯坦或希尔伯特的路线进行，而眼前这位年轻人却另辟蹊径，用自成体系的"吴方法"做得更快更好。老一辈的数学精英们当然记得，当年在巴黎有个叫吴文俊的中国人，对拓扑学示性类平方运算及其流形给出了明确、简洁的表达式，该表达式被国际学术界誉为"吴公式"。而今，"吴方法"再露头角，给国际学术界以更大的惊喜。学术会议结束后，美国《自动推理杂志》主编亲自致函吴文俊，希望能在该杂志发表他的扛鼎之作《几何定理机器证明的基本原理》。

他的成就被广泛应用于高科技领域

吴文俊再次声名鹊起，多方学术邀请纷至沓来。1986 年，67 岁的他欣然来到美国，进行学术交流。

在国际顶尖级的阿格纽国家实验室，吴文俊看到专家们对用电脑从开普勒定律推导牛顿定律一筹莫展，他就用自己带来的电脑软件，干脆利落地完成了自动推导工作，在场者无不惊叹莫名。更令他们想不到的是，眼前这位谈锋甚健、满头银发的大数学家，其成果竟然源自中国古代数学的大智慧与现代高新科技的完美结合。

同年，吴文俊再次被邀请到国际数学家大会，向全世界介绍他这一独创性发现。吴文俊的研究成果——"吴方法"与"吴消元法"，开创了一条与西方迥然不同的数学机械化——定理机器证明的道路，居于世界领先地位。早在 18 世纪，法国大科学家笛卡儿和德国大科学家莱布尼茨曾提出一个大胆的设想，那就是，以机器代替大脑来促进数学研究与人类思维方式、方法的变革，如今，这一设想正逐渐变成现实。20 世纪 80 年代，美国计算机科学界权威人士曾联名致信中国国家领导人，认为吴文俊先生"第一流的工作"，"独自使中国在该领域走上了世界领导的岗位"。

1989 年，中国科学院数学与系统科学研究院成立了数学机械化研究中心，对"吴方法"和"吴消元法"展开大量和全面的后续性研究工作。在吴文俊亲自担任主任的这个中心，他的成就正被广泛应用于高科技领域，相继取得一系列国际领先的科研成果，诸如曲面造型、机器人机构的位置分析、智能计算机的辅助设计、信息传输中的图像压缩技术等。在吴文俊的带领和影响下，该中心已经造就出了一支高水平的数学机械化研究队伍，在国际上被称为"吴学派"。

中华先人的智慧将引领数学的未来

与此同时，吴文俊对中国数学史进行了持续多年的深入研读，获益匪浅。作为一位具有战略眼光的数学家，他经常思考的一个重要问题是：未来的数学应当怎样发展？是中国数学的古老智慧给了他莫大的启发。

中国古代数学曾经获得高度的发展，有着属于自己的辉煌，直至公元 14 世纪，中国仍是名副其实的数学强国。然而，由于东西方文化在相当一段历史时期的隔绝，西方一些数学史家对中国古代数学的光辉成就知之甚少，甚至毫无所知。吴文俊对此作了正本清源、回归传统的全面研究，于 1977 年，他发表了题为《中国古代数学对世界文化的伟大贡献》一文。他指出，中国传统数学注重解方程，在代数学、几何学、极限概念等方面既有丰硕的成果，又有系统的理论。中国传统数学强调结构性、算法化，注重解决科学实践和生产实践中提出的各类问题，往往把得到的结论以各种原理的形式予以表述。他把中国传统数学的思想概括为机械化思想，而这正是贯穿中国古代数学的精髓所在。

十年后的 1987 年，吴文俊发表了更加重要的论文《中国传统数学的再认识》，引起国内外数学界的极大兴趣。他提出，中国传统数学虽没有素数和因子分解这一类概念，却用求"等"之法，创立了大衍求一术，即中国的剩余定理；中国传统数学虽没有平行线和角度的概念，但在解决实际的测量、面积、体积和圆周率的计算中，却发展了与欧几里得完全不同的几何学原理；中国传统数学中有世界最早的线性方程组矩阵解法和以勾股术、天元术、四元术为主的高次方程解法；中国最早完善了十进位制记数法，引入负数、分数和小数，是最科学的实数系统等。

吴文俊对中国古代数学的再发现，使他成为当代真正理解中国古代数学的第一人。他的再发现对于未来数学的发展几乎具有里程碑般的意义，"我国古代机械化和代数化的光辉思想和伟大成就是无法磨灭的"，吴文俊兴奋地说，他认为，中华先人的智慧将引领数学的未来。

他的心声令我们永远感动

鉴于"吴方法"和"吴消元法"在高科技领域广泛而重要的应用价值，吴文俊的科研成就在国际学术界受到高度推崇，先后荣获第三世界科学院数学奖、陈嘉庚数理科学奖、首届香港求是科技基金会"杰出科学家"奖和 Herbrand 自动推理杰出成就奖。

2001 年 2 月 19 日，吴文俊院士与袁隆平院士同获 2000 年度首届国家最高科技奖，这是某种意义上的国家科技终身成就奖。吴文俊院士与袁隆平院士获此殊荣，当之无愧。

对于历经半个多世纪以来的拼搏所取得的丰硕成果，吴文俊谦逊地表示："不管一个人做什么工作，都是在整个社会、国家的支持下完成的。有很多人帮助我，我数都数不过来。我应当怎样回报老师、朋友和整个社会呢？我想，只有让人踩在我的肩膀上再上去一截。我希望我们的数学研究事业能够一棒一棒地传下去。"

这就是吴文俊——我们中华民族引以自豪的杰出科学家的心声，这心声令我们以及我们的儿孙永远感动。

吴晗与北京文物保护

———

方竟成

研究、回眸北京半个多世纪以来的建筑和规划，无法绕过那个"拆掉一座城楼像挖去我一块肉；剥去外城的城砖像剥去我一层皮"的梁思成，同样也不能忘却一直担任分管文物工作的北京市副市长的历史学家吴晗。

1952 年 8 月 11 日北京市各界人民代表会议，在林徽因代表梁思成以雄辩的口才影响了不少代表的情况下，仍然不可阻挡地通过了拆除长安左门与长安右门的决定。1965—1969 年因修筑地铁，拆除了崇文门、宣武门、东直门、安定门、西直门、阜成门等城楼，北京明清两代城墙的存废问题一直被作为一个重大的政治问题，由最高决策者作出了一个又一个不容置疑的决定。《毛泽东选集》第五卷中，对此也有明确表述，这是中央的决定，中华人民共和国成立时就已经定了，很多领导人都主张拆。

1953 年 12 月下旬，周恩来总理曾对古文物建筑处理问题发表了重要意见，笔者目睹了这一讲话的原始件，全文如下：

民族文化遗产的保存问题要有条件、有区别地对待。对那些好的、有利于人民的要保留，对有害的要去掉。

听说有人讲北京市近几年"拆风甚盛"，我不同意这说法，如果说三座门、地安门等是"五毒"的话，那也才只去了一"毒"。应该承认我们的文化是落后的，我们的工业还不发达，还不能制造飞机、大炮和坦克，我们的文盲还很多。我们的文化要发展，眼睛必须向前看，不要往后看。认为所有古的都是好的，就会使我们"留恋过去，安于落后"，使古老的文化成为我们的包袱，那我们的建设就不堪设想。

有些国际友人到中国来后，盛赞我们的文物，这固然有一定道理。但人家称赞时我的心里却很难过。

我认为吴副市长所说的群众要求拆除有碍市政建设的文物的确是大多数人的意见。

保存好的文物，同时要与发展相结合，如果孤立起来，留恋过去，就恰如诗所说的"夕阳无限好，只是近黄昏"。

由此可见，政治家和革命家们，早已将北京的文物古建、北京的城墙城楼，都已与"向前看"还是"向后看"联系起来，与中华人民共和国的建设大业联系起来。在这样的大背景下，作为京城分管文物保护的副市长吴晗，其实从一上任就陷入了建设与文保的矛盾之中，陷入了忠诚于他敬仰的党的领袖如毛泽东、周恩来等同志的指示与倾听他的老朋友梁思成、林徽因等尖锐批评的矛盾之中。那么，在北京的文物保护上，耿直、热情、谨慎的吴晗究竟采取了怎样的态度呢？

1953 年 8 月 20 日，吴晗将古文物建筑分为三类及三种

在吴晗的主持下，1951 年，北京市发布了《北京市发现古迹古物暂行处理办法》，1952 年成立了文物组。1953 年 8 月 20 日，在北京市政府第一会议室，吴晗主持召开了"关于首都文物建筑保护问题座谈会"。郑振铎、梁思成、华南圭、马衡、林徽因、俞同奎、叶恭绰、罗哲文等专家出席。吴晗说："近年来建筑任务逐年增加，各方面的工作突飞猛进，如下水道工程，1953 年修了 83 公里，道路工程年修筑了 190 公里，等于过去三年的总和。修建房屋也比过去几年增多。

同时，人口增加很多，从解放到现在已增到 260 多万，交通情况与以前也不一样，现有车辆 70 多万辆。现在房屋很不够用，因此对许多古建筑就不得不加以使用，如国子监由职工学校和北京机器厂使用。由于上述情况，造成建筑部门和文物部门的矛盾。"

吴晗认为这些问题是可以解决的，而且必须解决："在文物组成立之时，曾提出将本市古文物建筑进行调查，但因工作拖拉，尚未着手，因此，文物组工作很被动。如能主动进行调查研究，这些问题是可以解决的。"

吴晗的开场白非常坦率，开门见山，直奔主题，摆出矛盾，提出了将古文物建筑分为三类，又将应保存的古文物分成三种，加以区别对待的重要意见：

关于古文物建筑的处理，经与各方面交换意见，大体要分为三类：一类是有艺术价值的应该保存，一类是有艺术价值应该保存，但必须迁移的，第三类是无历史价值的应该拆除。在应该保存的古文物建筑中，还应有区别，一种是修缮养护不能使用，一种是可以使用但不能更动，

另一种是可以使用也可以更动。根据上述原则处理，即应从有关方面抽调一些干部，组织小组进行深入的重点调查研究工作，然后，再召集座谈会讨论。

吴晗的三条原则，得到国家文物局局长郑振铎的赞同。郑振铎意味深长地指出拆除文物要采取仔细虚心的态度：

保护文物部门与建筑部门只要大家认识一致就不会有矛盾。从全国来讲，我们对古文物的调查工作刚刚开始，从调查报告中看到山西发现很多古文物，其中有唐代建筑。北京也有很多新发现，文整会所编《北京文物初评表》已经很旧了。在一九五〇年曾在东城西观音寺看见一个庙，门口很小，里边非常大，现在还没有进行调查。再如韩家潭有李笠翁故居，房子虽有改建，但李笠翁亲自堆积的假山仍然存在，院内一棵海棠树，起码有三百多年，现在还在开花。西安门大街刘蓝塑胡同是中国很著名的雕塑艺术家居住的地方，不知那房子是否还在。在北京类似情况很多，因此进行调查是非常必要的。在全国范围来讲，古建筑最多的是华北，江南因经过变乱很多，古建筑遗留很少，在安徽发现明朝建筑就是很了不得的宝贝。比较有系统的保存下来的是北京。河北省的工作很有问题，最近派人到房山县调查，县政府答复"本县并无名胜古迹"，实际是大部分都被毁掉了。北京市名胜古迹所以能够保存下来，是因为北京市的古历史很长久，而且经过变乱比较少，其次是古建筑经常有人使用。中国的古代建筑和东南亚的古代建筑不同，东南亚的古代建筑大部分是石头的不容易毁掉，我们的古代建筑多是木头的十分容易毁掉，因此能够保存下来的是很少一部分。根据政务院制定的原则，北京的古建筑应作一番彻底的调查，应该而必须保存的坚决保存，而且积极养护，使它在人民首都活起来，但这不是一天两天所能做好的。同时，也要了解首都必须发展，古建筑完全不动也不可能，因此，同意吴副市长所讲的三项原则处理。但是如有需要拆除的，最好事先和社会文化事业管理局联系，取得同意后再拆，不应采取粗暴的态度，而应采取仔细虚心的态度。

梁思成和林徽因的态度并不是像有的书刊所描述的那样，与吴晗水火不容。作为倾注毕生心血于文物保护、古都风貌的著名专家，自然不必太注意来自政治角度的因素，可以完完全全表达自己的见解与发现、思考与建议。随着时间的推移，随着城市记忆和胎记重要性的显示，人们会更多地认同梁思成、林徽因总体保护古都风貌的思想，但在半个多世纪之前，人们的看法完全不一样，如一些社会科学和自然科学的著名专家、学者曾在报刊上发表署名文章，猛烈抨击梁思成的建筑理论。现在看来，这是一个历史的误会。吴晗始终对梁思成持存敬意，表里如一地向总理、彭真同志等如实地汇报他与梁思成在一些问题上的分歧。

在 1953 年 8 月 20 日的会议上，梁思成做了如下发言：

北京市的发展是要在历史形成的基础上发展，一定要保存历史形成的美丽的城市风格，我们要把北京城建设起来，将来变成十层、八层乃至几十层的楼房，但是，还是要传统的北京城的面貌，而不是面貌全非，人家都不认识。苏联莫斯科也是这样建筑的。我们要求保存历史形成的北京城市的风格，要求北京城市达到高度的艺术形态，因此城市建筑的发展不是单纯从古物来看。都市发展应该从全面考虑，某些部门只从片面考虑，采取粗暴的态度应受到批判。另一方面，首都在全国是起示范作用的，一举一动会影响到全国，所以处理文物应该很严肃很慎重。过去有些部门对文物建筑认为是毫无价值地严重妨碍城市发展，对文物没有给予适当的重视，这样可能造成无法抵偿的错误。文物本身有它的历史价值和艺术价值。另外，文物在城市风格里还起一定的作用……莫斯科总建筑师提醒我们，处理文物一方面要对历史负责，一方面也要对我们的子孙负责。苏联调查研究文物工作从彼得大帝时代开始，西欧以意大利为最早，是从十四世纪末开始作文物的调查研究工作，而中国只有二十年的历史，北京做得也很少。政务院虽然发布了保护文物的条件，可是遇到实际问题时还要打官司。

1953 年 8 月 20 日，首都文物建筑保护问题座谈会围绕吴晗提出区别对待的三条原则展开了有深度和广度的讨论，最后由吴晗归纳出以下五点：

第一，人民政府重视、爱惜文物，可以征求专家的意见，但不是所有专家的意见都可以依据的，还需要从各方面考虑。

第二，大家都同意对古文物建筑进行调查研究工作，但是必须很严肃地进行，并且应该分别先后，轻重缓急，不能普遍进行。

第三，古文物建筑中可以使用的，应该使保管和使用结合起来，以达到保护文物的目的。

第四，这次调查可以过去调查过的材料作为基础，民间建筑艺术的调查，因限于人力，暂缓办理，如果各研究机关需要，可以自行调查。

第五，关于工作机构问题，不主张组织委员会，但座谈会可以经常召开，并可多请有关方面参加。具体工作由中央文化部社会文化事业管理局、文物整理委员会、文物组、都市计划委员会等单位抽调干部组织办公室，请文教委员会李续纲秘书长担任办公室主任，办公室进行调查研究并提出处理意见后，再召开座谈会讨论。

1953年12月28日，吴晗主持召开"关于首都古文物建筑处理问题座谈会"

1953年12月24日，周恩来在政务会议上发表支持北京市委和吴晗的讲话，不同意"北京市这几年'拆风甚盛'"的说法，还表明了"民族文化遗产的保存问题，要有条件、有区别对待"的观点。这个讲话是有针对性的，是不点名地批评了教育部长张奚若等人的言论。时任总理办公室副主任的阳翰笙于12月25日打电话给北京市政府，现抄录如下：

翰笙同志电话：

昨日政务会议散会后，曾与张奚若做了简短的谈话。张称：一、总理结论当然是正确的。二、我主张保存历史文物，并不是不主张发展新文化的。三、我主张保存历史文物，并不是说所有的历史文物都要保存。四、总理可能对我的讲话有些误解。翰笙同志说：总理结论很正确，我们大家都上了一课。奚老如还有意见，可再与总理谈一次。张说："啊，啊"。

翰笙同志认为张的思想问题并未解决，建议：一、收集对总理讲话的反映。二、现在可让他们议论议论，适当时机总理可约张、梁（思成）和有关方面谈一次。

12月28日，吴晗在北京市政府主持召开了"关于首都古文物建筑处理问题座谈会"。出席者有薛子正、梁思成、郑振铎、王明之、林是镇、叶恭绰、朱欣陶、罗哲文、马衡、侯仁之、朱兆雪、李续纲、俞同奎、华南圭、萧军、曾权等。

在这次会议上，吴晗先后五次发言，点明了这次会议的讨论重点：

关于首都古文物建筑的处理问题，在上次座谈会后，即抽调各方面的干部成立了调查组，分批进行调查，现在第一批的任务已经结束。第一批的任务是根据都市计划委员会提出急需解决的和目前可能发生问题的古建筑物，逐项进行了调查、研究绘图摄影。其中包括东、西四牌楼、金鳌玉？桥牌楼、地安门、东、西交民巷牌楼、历代帝王庙牌楼（景德坊）、东、西长安牌楼、大高殿牌楼等处。

在叶恭绰、马衡、李续纲先生发言后，吴晗第二次发言，强调了位于女中旁的景德坊牌楼面临倒塌，必须立即采取措施：

帝王庙牌楼（景德坊），因将倒塌，为保障人民安全，应先拆卸，将材料保存起来，至于应如何处理留待以后解决。

半个多世纪之后，人们对物质和非物质历史文化遗产的认识业已形成抢救第一、保护为主、合理利用的十二字方针，使不少濒于自然与人为毁坏的文物得以幸免，得以长存。以此与吴晗的区别对待三原则及对景德坊的谨慎态度，也是相差无几的。

梁思成在12月28日的会议上做了两次发言，阐述了要将古文物建筑组织到新的生活环境里边的文物保护理念。梁思成第一次发言赞同了吴晗先拆景德坊牌楼的意见，同时提出地安门牌楼不动，四角房子拆掉十间，以缓解交通拥堵：

今年春天我访问苏联时和莫斯科的总建筑师布拉索夫同志谈到保护古文物建筑的问题，他说：应该首先把古文物建筑经过一次调查研究和评定，肯定是文物的就尽可能地保护，在这个原则下作都市规划工作的人要负绝大部分责任，在作规划工作时就要把古文物建筑组织到新的生活环境里边，有价值的古文物建筑不但要保存并且还要尽量在都市里表现出来。另外，都市规划有一条必须考虑的原则，就是文物据点的规划。今天我们认为无所谓的东西，也许二三百年以后，我们的子孙就感觉到很大的兴趣。

吴晗、梁思成、郑振铎、俞同奎等对都市风格的不同阐述

1953 年 12 月 28 日座谈会的重大意义，不仅在于决策之前充分听取专家意见，而且在于充分阐述了有关都市风格的不同观点。召集和主持这次座谈会的吴晗，最重要的贡献恐怕也在于此。

俞同奎认为牌楼对都市建设规划是有关系的，但他赞同将景德坊牌楼拆下来。

第一，牌楼是有保存价值的；第二，牌楼的保存应有区别，街道的牌楼应该是最重要的，古建筑物附属的牌楼价值就较差一些；第三，利用牌楼不是利用旧牌楼，也可以创造新的，可以用钢筋洋灰，也可以用各色的大理石。

作为历史学家和副市长双重角色的吴晗，当然不可能完全像一个专家，纯粹从专业或者学术的角度去看待都市风格和有关牌楼细节的问题。他说：

关于都市风格问题，俞先生提出牌楼的作用，据我所了解原始居民有累石作为宗教标识的习惯，后来演变为石头坊、表，以至贞节牌坊之类，唐宋以来有坊，坊前立牌坊还有表明居民基层组织意义，因为当时的交通工具是骡车、轿子。今天条件基本上已改变了，道路和交通工具都改变了，而且街道上都有一定标识，因此，是否还需要以牌坊做标识，这就牵涉都市风格的问题，如果需要标识美化，是否可以用其他形式代替或搞些铜像、喷水池、街心公园等代替，需要多考虑一下。

梁思成十分认真地听取吴晗发言后，坦诚地表达了一贯持有的不同意见。他是在周恩来讲话之后，仍然公开己见，这一点值得后人钦佩。梁思成说：

关于都市风格问题的确是很大问题，我们可以分析一下北京到底有些什么都市风格。第一，街道系统很齐整；第二，建筑物在适当的位置上；第三，街道上的对景主要是牌楼、城门楼。到底是好、是坏，意见不一致……其次，是否可用铜像、喷水池。我们不拒绝中国原有的传统，同时也不拒绝外来的东西。外国的东西我们看着很新鲜，可是在外国已经是二千多年前的老东西了。因此，应该考虑新和旧的定义……

我们今天的文化是落后的，我所体会的文化落后方面很多，包括很多古代建筑物可能起的积极作用，还未看见。以牌楼来说能否配合好，要看建筑师或作都市规划工作的人能否配合好，如能配合好，就相得益彰了。关于建筑美的判断上，我觉得专家还是对的，表现在建筑师学会上一般看法相当一致，当然，建筑师可能完全错误，但是在被说服前，我还是保留自己的意见。

对梁思成关于都市风格的"牌楼标志论"，当即提出不同看法的是国家文物局局长郑振铎，他接着梁思成的话肯定地说：

北京市的标志，绝不是很矮小的牌楼，而是很大规模的高层建筑物，这是我们自己创造的，像莫斯科大学那样雄伟的建筑物。牌楼在现在看很美，但可能另外一个形式更美。当然创造绝不是凭空的，而是要吸收民族优良传统，甚至不拒绝世界上一切人类所创造的优良传统。至于古文物建筑的保存问题，专家认为应该保存是必要的，现在也没有人说完全不保存，并不是可拆可不拆的一定要拆，而应该是决定要拆的就坚决拆，可拆可不拆的就暂时保留，应保存的不但要保存好，还要发扬光大。大家的立场都是为了将来，为了发展并不是单纯为了保留，所谓保留也是为了发展新的。

在郑振铎"解围式"的发言后，吴晗作了第四次发言，这是一次针对性很强的简短发言，显然是针对刚才梁思成的意见的，且不失风度地以"应该考虑"作为商量式的结语：

苏联有很多经验，我们应该强调学习苏联，但另一方面，我们还要根据我们的具体情况和条件。关于牌楼问题，许多市民提出意见，都认为不需要，我们究竟应根据绝大多数人民的意见，还是根据个别专家的意见，应该考虑。

著名作家萧军，则以作家的敏锐和悟性，鲜明地提出了"新政府、新人民""一切为了人"的观点，很大程度上支持了吴晗的意见，也肯定了梁思成将有价值的文物组织到新都市规划之中的理念：

关于古文物建筑的保护问题，听了吴副市长和诸位先生的意见，我有一些领会：第一，在今天来讲，北京城市是新的内容和旧的形式的矛盾问题，新的内容就是新政府、新人民、新社会；旧的形式是封建社会所遗留下来的建筑物、宫殿、庙宇乃至街道，都是按照封建统治者的意图产生出来的。封建制度应该消灭，但建筑物如果完全消灭是不对的，虽然是在封建帝王的意志下造成的东西，但从物质资料和劳动力来讲，全是人民创造的，如果毁坏这些东西，等于毁坏了人民的劳动和智慧。所以不能无原则地毁掉，需要加以批判和选择，把它组织到新的都市规划中来，成为有机部分。第二，建筑本身是艺术，土木工程是实现这种艺术的手段。从全面来看，大街小巷和建筑物应该配合，而且要有主有从，要有高低起伏。关于牌楼问题和地安门问题，我认为首先应考虑历史和艺术价值，然后再考虑位置对都市规划有无妨碍，如有妨碍，就不管是什么建筑，一切要为了人，就要设法使建筑物不威胁人的生命。如东、西四牌楼、帝王庙牌楼应该服从都市规划。如从造型的美来说有牌楼好看，就应保存，至于如何保存，是具体技术问题，也许缩小，也许扩大。将来帝王庙本身因道路展宽要向后退，这样，牌楼就不是帝王庙的建筑物之一了。把这个问题考虑明白，保存与否，便不是问题的焦点。

具有历史意义的是，郑振铎的秘书罗哲文，当年才 20 多岁，也参加了吴晗主持的座谈会，他做了条理清晰的发言，提出了要从发展上看待保存古文物建筑的问题：

关于保存古文物建筑，我认为要从发展上看，为了把北京建设得更好，并且要在现在的基础上创造更好的东西。另外，提出几点建议：第一，将北京市所有古文物建筑加以清理，评定价值并登记下来；第二，对古文物建筑进行研究，评定价值然后再考虑保留、迁移或拆除，但应先明确评定的标准；第三，把古建筑物做些模型，保存下来。

吴晗的第五次发言，显示了这位学者型市长的包容态度。他说：

古文物建筑调查工作不是短期所能结束的，因此，北京市古文物建筑调查组的工作应该加强。同时，应将已调查的材料加以整理妥慎保存，以资查考。

已取得一致意见的几处古建筑物的处理：第一，景德坊先行拆卸，至于如何处理另行研究；第二，地安门存废问题以后再行研究，目前可将地安门四角附近的房屋拆去十间，以解决交通问题；第三，东、西交民巷的牌楼无历史、艺术价值，可以拆除。以上意见，报请市长批准后即可执行。其他尚未取得一致意见的，可再继续进行调查研究。

写信给彭真并转周恩来总理，决定先拆除景德坊牌楼

尽管在12月28日会议上对先拆除景德坊牌楼已达成一致，但为事谨慎的吴晗还是立即致信北京市委书记、市长彭真，市委副书记刘仁、副市长张友渔，并转周恩来总理，汇报了座谈会情况："经过热烈讨论，每人都发表了意见，一致同意的有以下各点：一、为防止倒塌，保障人民安全，立即拆除羊市大街女三中前景德坊。拆除后它应迁地或就地保存，待都市规划确定后（这一条街），再商计提出意见，所拆材料应妥善保存。二、东、西交民巷两个牌坊可立即拆除。三、地安门保存或拆除问题，以后再研究。目前为解决交通安全问题，可建议设法拆除四角民房约十间左右，将地安门暂时作为交通大转盘，便利交通。"

吴晗又写道："和梁个人交换意见，他同意拆除右安门雍城"，可见吴晗与梁思成还是能沟通的，并不像有的文章写得那样"破口大骂""横眉冷对"。

吴晗对他与梁思成在一些重要问题上仍不能完全一致也作了如实汇报，他在信的最后写道："意见仍分歧，不能取得一致的，是旧都市风格如东西四牌楼和首都建设的矛盾问题。梁俞（俞同奎）主张保存，并认为是可以和新都市规划结合。梁并表示如政府决定，派他拆除，他一定坚决执行。但仍保留并主张他的反对意见。"

彭真看了此信，也十分慎重地批示："总理：我们先把景德坊和东西交民巷两牌坊拆除，材料可暂保存。"周总理收阅此信，也迅速作出批示，表示同意。

从吴晗致彭真、周恩来信一事，再次透露出这样一个信息，北京的文物、北京的传统建筑，一牌一楼、一亭一阁、一庙一寺、一街一巷、一桥一梁，包括座谈会上的一言一行、一举一动、一保一拆等，都牵动着中央决策层，也牵动着吴晗。

吴晗在批梁的沉重氛围中，公开发表文章，深情写道："我听了思成的话，也十分感动，深深认识到共产党的伟大"

由于梁思成的执著和坚持，他关于总体保护北京旧城的理念，不断受到抨击和批驳，其中不乏一些知名的知识分子。到 1957 年的那种氛围就更加突出了。吴晗却不怕受到牵连，更不落井下石，他在 1957 年第九期《文物参考资料》上，发表了《北京市文物保护工作》的重要谈话。

党对文物工作不但重视，而且十分重视；党对文物事业不但关心，而且十分关心。几年来文物工作的成绩很大。我先讲一件生动的事实，

1949 年北京解放后，我遇到梁思成先生，他首先对我说："北京围城时，军管会特别派人来清华园找我，肯定说北京一定要解放，解放的方式，一个是和平解放，一个是用武装力量解放。如不能和平解放，大炮响了会损坏古代文物。为了保护这座古代文物集中的名城，要我把北京城内必须保存的古代文物建筑的方位标在地图上，以便保护，免遭炮火的攻击。在战争时期，在兵临城下的时候，共产党这样爱护文物的行动，使我非常感动。试问在我国历史上，有过哪一支军队能在打仗的时候还想到保护文物古迹哩！"我听了思成的话，也十分感动，深深认识到共产党的伟大。

也许在半个多世纪之后来看，有些举动是朴素和简单的，但又有谁能未卜先知呢？专家要尊重，思成要尊重，但作为人民的市长，也要倾听人民的呼声。恐怕不是一个吴晗，而是那整整一代人，都只能站在历史的基点上认识问题。

吴晗在《北京市文物保护工作》这一重要谈话中，恰当地肯定了：

中华人民共和国成立以后，前政务院和国务院曾经多次发布过保护古代文物的指示。在前政务院的会议上曾经专门讨论过北京市保护文物建筑的方针，同时也批判了凡是古建筑都动不得的保守思想。以后总理曾当面指示，北京市的具有历史、艺术价值必须保存的古代重要建筑，要坚决保护，重点的修缮。我们执行了这个指示，做了不少工作。

最近明十三陵的长陵棱恩殿殿柱遭受雷击，稍受损伤，已经修理。周总理知道后，亲自指示我们：凡是必须保护的较高的古代建筑物都要安上避雷针。现在全市的著名古建筑物都在安装，同时也通知了全国各地。

北京市几年来的文物工作：

1. 发掘了四处古文化遗址，400 多座古墓葬。

2. 收集古文物 60000 多件，其中出土文物占 49%。这些出土文物展览出一部分，举行了三次展览会，对群众进行了爱国主义教育，并供科学研究之用。

3. 古文物建筑的修缮：（一）移建的有云绘楼、清音阁，从中南海迁移到陶然亭公园。还有长安街的两座牌楼也迁建到陶然亭公园了。（二）修缮了十三陵中的长陵、永陵、景陵和雍和宫、广济寺、碧云寺、卧佛寺、清真寺、国子监、孔庙、皇史宬、庆霄楼、法海寺壁画等。正在修缮中的有智化寺和白云观。（三）保护的有：模式口冰川擦痕、万松老人塔、文天祥祠、子谦祠、杨椒山祠、袁崇焕墓、顾亭林故居等。

这些文物工作可以说凝聚了这位分管文物工作的学者型领导的心血，是他重视古城文物的见证。

高山仰止忆朱公

——记文物学家朱家溍先生

梦　棠

朱老走了！时间是 2003 年 9 月 29 日。

朱老走了，这之前，见到中央文史馆和故宫博物院的朋友，我总急切地打听他的病情怎样，可听到的多是沉重的消息，我有所预感，但仍没有想到他老人家走得这般急匆匆！

多年来，我因为喜欢书画、文物，加上爱去故宫，后来有幸认识了在故宫工作的几位老前辈，比如已故的单士元先生、刘九庵先生，比如朱家溍先生、王世襄先生，等等。我对他们充满了钦仰之情，在我的心目中，他们都是一座山，一座需仰视可见的高山。而这其中的朱老又是我最为崇敬、交谈也较多的一位长者。

朱家溍先生是享有盛誉的著名文物专家、历史学家、文物收藏家、戏曲研究专家。他头上的"衔"很多，一个一个都是响当当，了不得！都属于"极品"，令人景仰不已。朱老是故宫博物院研究员（现只有两名，他和王世襄先生）、国家文物局文物鉴定委员会委员、中央文史研究馆馆员、九三学社社员。

朱家溍是浙江萧山人，生于1914年8月11日。他90年的生涯，几乎全是和文物打交道。其中又有60年，在故宫搞文物工作，朝夕相处，乃至投入了全部的心血和生命。朱老走了，离开了他心爱的文物研究事业，离开了他视之如家的故宫，走了。斯人已逝，往事如昨，许许多多的回忆却依然新鲜——

后宫布展循原状　龙椅重修见前容

朱家溍先生和故宫博物院有着源远流长的凤缘。这不仅是朱家溍一代，甚至是朱家两代三代说不尽的话题。朱家溍是宋代理学大家朱熹的二十五世孙。他的高祖朱凤标为道光十二年进士，官至太保体仁阁大学士。他的父亲朱文均，是近代著名碑帖收藏家、书画鉴定家，任故宫博物院专门委员时，负责鉴定故宫院藏古代书画碑帖。20世纪20年代中，故宫首次对外开放，尚是稚童的朱家溍就由父亲领着手走进这深幽神秘的紫禁城宫苑，他后来回忆说："当时我刚12岁，还什么也不懂，但也知道这是皇上住的皇宫，百姓是不能进来的。而我今天不但能进来，而且每个院落都走过了，实在是件了不起的事……几年后，我又来过故宫一次，是张作霖在北京任大元帅时期。我还记得我买了一本故宫编印的《掌故丛编》——当时我已经是中学生了，认字多了，能够读这样的期刊了。"

"九·一八"事变后，南京国民政府在1933年从北京的故宫博物院、颐和园、国子监等处收集的数十万件中华民族文物瑰宝，装箱南运西迁，以求国宝不至在战火中损毁。1934年，又在伦敦举办一次中国古代艺术展，那是中国古代艺术品第一次大规模出国展出，全部绘画艺术品是由朱文均所选定，展毕，这些文物装成83箱，运至贵州安顺。之后的五年中，不知多少次地艰难而巧妙地避开了日寇的轰炸和炮火，直到 1943 年，国民政府派军用卡车将其急运重庆南岸海棠溪向家坡，年轻的朱家溍这时刚从辅仁大学毕业，正在此间"粮食部门"供职，于是被借调来当临时工，他非常高兴。他们先把文物 83 箱小心翼翼地抬着装上汽车，到中央图书馆，再小心翼翼地抬下汽车，走上几十层台阶，放进库房，再把陈列室打扫得窗明几净，再打开箱子，搬出卷、册、轴陈列起来，再照着目录写陈列卡片。几十年后，朱老回忆当时的情景说："青年时代刚刚参加工作时的思想活动现在还记得很清楚的，一边工作，一边欣赏。""这时候的享受真是无法形容的……我们夜以继日忙个不停，那时候年轻，也不知道累。""更重要的是，我们当时的工作都非常谨慎小心，挪动每一件文物都如临深渊、如履薄冰，又似千斤重担在肩，唯恐有一点闪失而弄坏了国宝——这 83 箱都是故宫最尖子的文物啊！"

一晃到了 20 世纪 60 年代初，在故宫博物院工作有年，朱家溍已成为上受领导器重下受同人尊重的业务骨干。经他过目的古文物不计其数，他是清史专家，人称"绝学"。1964 年时，故宫决定布展储秀宫，朱家溍无疑成了业务的带头人，当时工作难度、工作量都极大。因为要恢复储秀宫的"原状"，怎么设计、怎么布置、里里外外、上上下下，心里没谱儿。无资料、无实物，再遍查国外博物馆陈列资料，也没有参照的先例。怎么办？朱家溍和几位年轻人就一头扎进档案馆，在积尘数寸如小山般的档案里，寻找清代各朝时期的相关文字材料，之后，根据文字的确凿记录，又扑进同样堆积杂乱的仓库里，一件一件地找出当年后宫妃嫔们日常饮食起居使用的杯盘碗盏、桌凳屏几及镜奁盆架，乃至闲时玩赏的金玉珍玩，力求件件有来历、桩桩有缘由，最后终于完成了任务。朱家溍后来总结了几点：第一，完全根据史料、档案记载，一物一事必有依据地布展。第二，力求做到"原状陈列"，但又不是"原状保留"，即在整体上保持"原状"后，还要注意适当地取舍、剪裁，要有主次之分，有常备和临时之分。如布置一室，其中日常用的壶碗、痰盂、帽架、如意等应不缺欠，而其他玩赏的物件要酌量而取。第三，布展中的物品，要切合主人的身份、性格、爱好和需要。如布展晚清慈禧房间时，因她平时喜爱兰花，因此把她曾喜欢的一幅"兰"画，装裱好，挂在墙上……正因此，储秀宫的文物展览，不仅在故宫内，而且在国内、国外文博展览业绩中，迄今仍成为优秀典范。

朱家溍在故宫工作还有一件大功劳，即寻找修复太和殿的宝座。故宫是明清两代皇帝"君临天下"和居住的地方，是全国的中心，而太和殿则是故宫的中心，皇帝处朝政的宝座——龙椅，无疑是中心的中心，人们参观故宫，如果没有到太和殿去看一下那雕龙髹金大椅，近乎没有"完成任务"。而这把龙椅，在袁世凯窃国称帝时给换掉了，后又弄得不知下落。20世纪50年代末，朱家溍从一张1900年（光绪二十六年）拍的老照片上，看到了从前太和殿内部的原貌和陈设。由此，他用心查找，终于在一处存放残破家具的库房中，发现了一个破旧难辨的髹金雕龙大椅，经研究考证，它很可能是明嘉靖时重建皇椅殿后的遗物。迨至清康熙时，重修太和殿，这把椅子经修理又重新使用，直到袁世凯时代才被撤出去，又遭损毁。1963年，故宫决定修复这把珍贵的但又伤痕累累的宝座，朱家溍承担此重任，根据史料记载和图片（如康熙帝画像等），费时934个工日，于1964年9月，终于把一座几乎被埋没消亡的龙椅焕然一新地摆放在它应有的位置上，陈列在亿万观者期盼一睹的太和殿宝座之上。朱家溍先生为此付出了不少的心血和智慧。后来，有人问他："您这样锲而不舍寻找，为了什么？"他语重心长地说："太和殿是故宫的中心，展览说明写的是'原状陈列'，可'宝座'弄成假的，这不是撒谎吗？国内外一天到晚那么多观众，居然看假货，这怎么对得起他们？这是我们干博物馆的人的耻辱！"

披沙留金识巨迹　名碑法帖献国家

说起朱家两代——朱文均先生和朱家溍兄弟先后三次将全部家藏文物珍品捐赠国家，总数量超过万件，已成为文物界一件感人的佳话。朱家的义举大德堪为世人楷模，朱家目的在于使珍贵的文物珍品所具备的历史价值、研究价值和艺术价值得以充分体现，并极大地发挥它们的公共职能，以服务于国家和人民。

朱家溍先生一生致力古代书画等文物的研究和鉴定，他是国家文物鉴定委员会委员、国家文物局社会文物专家组成员。比如 1992 年至 1997 年间，他与国家文物局专家鉴定组一起跑遍了全国，对各省、市、县博物馆、考古所呈报的一级文物，进行复查、确认。鉴定工作的全过程中，有人专看陶瓷器，有人专看青铜器，有人专看玉器，三类以外，不论是书画碑帖还是工艺美术品类的各种器物则都由朱先生负责鉴定，为此，他被称为国家文物鉴定委员会中鉴定门类最多的专家。朱先生为人虚怀若谷，当别人称之为"鉴定大师""国宝"时，他微笑着直摇头，说自己不过是普通的"博物馆工作者"、一名"故宫人"。

说起朱家溍的博学精鉴来，可以从 20 世纪 50 年代他初入故宫认出两件宋画真迹说起。那时，在故宫库房中有三间屋堆放着几个大木板箱，外面贴着法院的封条，这即是所谓的"易培基盗宝案"物证，其实这是一桩"莫须有"的冤案，后因证据不足，终未构成犯罪。不久，法院请来著名鉴定书画名家黄宾虹先生鉴别故宫藏品是否有假文物。当时有这么一种分析逻辑，即认为故宫内不会有假画，所以倘若发现有假的，则必是易培基抵换过的，于是黄将一批认为是假的东西挑出来，法院就将其装箱封存贴上封条。当时年纪尚轻的朱家溍找到马衡院长，大胆建议撕下封条，要一箱一箱、一件一件逐次重看，这一看不要紧，竟有两幅宋画被朱家溍认出来了，朱觉得不仅笔墨色彩古雅，更重要是画作所浮现出的那种气息神韵，是造假者造不出来的。两件名迹即宋徽宗的《听琴图》和马麟的《层叠冰绡图》。朱家溍高兴地跑到马院长处汇报，马衡听了也大喜，使人立即取出这两幅宋画，送到钟粹宫书画陈列室陈列。两件价值连城的"国宝"，在朱家溍的慧识下，没有轻易流失，真是故宫博物院乃至国家民族的幸事。几十年后，朱老说："当时我30多岁，实际上是青年人的幼稚思想，要显示自己的眼力，能在大批假东西中把真东西挑出来。现在想起来也很可笑，不过那天的确收到我所想到的效果。"

再说说朱家献宝的事情：朱家两代父子五人，于1954年、1976年、1994年三次曾将家藏大量文物捐献给国家，让世人钦敬不已。1954年，已故朱文均先生的遗孀张女士遵承丈夫遗愿，率子朱家济、朱家源、朱家溍将家藏碑帖706种无偿捐献给故宫博物院。其中许多精品十分罕见。如北宋拓《九成宫醴泉铭碑》、宋拓《皇甫诞碑》、元拓《李靖碑》等，其中有的竟是传世孤本。

"文革"期间，朱家一连几次被抄家，苦心收藏的大量书籍、字画、古家具被抄走。到了1976年，政府把被抄财物退还，朱家兄弟认真思考后，即把一批明清家具捐献给承德避暑山庄，将2万多册善本图书捐献给中国社会科学院历史所，他们心里放松多了，也高兴多了。

1994年，朱家溍又和兄弟四人商量后，再次将家中珍藏的几十件古代名画，捐献给浙江省博物馆，让人赞叹的是，其中有五代李成和南唐朱澄，还有宋代夏圭和许道宁的作品，堪称稀世之珍。

回想当年朱家为收藏这些古物珍品，曾付出了巨大的心血和财力。

朱文均老先生在世时，虽在当时属于高收入的人，但不能排在富户之伍，他有好收藏的瘾，就节衣缩食，用过日子的余钱来购置了许多名碑法帖，比如为了买那本珍贵的宋拓《九成宫醴泉铭碑》，一咬牙，使了高利贷，借得4000块银圆。后来为了还贷，又不得不狠了狠心卖掉了两幅自己心爱的名画：沈周的《吴江图卷》和文征明的《云山图卷》。

朱家把视若自己生命、融入全家心血的珍藏无偿献给了国家，朱老曾意味深长地讲："正是因这些家具、碑帖、古代善本图书和古人字画非常珍贵，我们才把它捐献给国家。我保留这些是个负担。我们这个大家庭，后代是怎么个生活方式，他们有没有能力保存着这些文物，我们当老家儿的不敢保证。把它们捐献出来，交给国家保护，这些文物才能得到很好的收藏。我们兄弟也等于卸了包袱——我们兄弟已经把有价值的东西都捐献了，我已变成了一个无产者，活得坦坦荡荡了。"闻者无不肃然起敬，同时让人想起，朱老生前一直和家人居住在狭小简朴的平房里，屋里几乎没有几件像样的家具。然而他却不以为忧，依旧不改其乐，一心想着国家，终身献给故宫文博事业，他曾明白告示世人："解放后，我没买过一件文物，也没卖过一件文物。"

如山典籍精门径　等身编著倍苦辛

朱家溍先生在目录版本学上堪称是著名专家。这当然和他家学渊源密不可分。自幼生长于诗书世家，藏书宏富，陶染深彻。后来他进辅仁大学文学院，在国文系得到学士学位，在大学攻读期间，亲聆古文字学家沈兼士、史学家陈垣、目录学家余嘉锡以及训诂学家陆宗达诸先生的教诲，在古籍整理研究上打下了坚实的基础。20世纪90年代末，在《收藏家》杂志上，自创刊号起连载的《介祉堂藏书画器物目录》《欧斋藏碑帖目录》《六唐人斋藏书录》原是朱先生青年时代所编，足见先生在此领域内的深厚学养和功力。

80 年代初，为配合全国公藏系统联合目录《中国中籍善本书目》的编纂，朱老主持了《故宫现存善本书目》的鉴定和编选工作，包括选善和著录。与此同时，为培养年轻后学，他在馆里举办讲座，传授有关版本及文史方面的知识、经验，他循循善诱、诲人不倦的精神，已在故宫人口皆碑。90 年代初，故宫图书馆编纂大型图书《两朝御览图书》，由当时的馆长徐启宪先生和朱老领军作战，朱老任主编定的书名。然后确定体例，编选书目、图片至全部文字定稿，朱老认真、细致，要求所有工作人员不得有半点粗疏、一丝懈怠，最后由朱老总其成，700 多本，他逐字逐句地审读，并用朱笔润色，再用毛笔小楷撰写了一篇序言，追述故宫藏书及其目录的历史沿革。此后，朱老又主编《故宫珍本丛刊》的编选工作，确定了 1100 余种珍本图书和 1600 余种清代南烩与州平署剧本和档案，朱老为之撰序。1997 年，新闻出版署将其列入"九五"国家重点图书出版规划，册数达 731 之多。朱老还主编了《明清帝后宝玺》《清代后妃首饰》《历代著录法书目》等。更应提及的是由朱老主编的大型图书《国宝》的编选出版工程。内容包括青铜器、书法、绘画、瓷器、玉器、漆器、珐琅、木器、织绣等门类。1983 年由商务印书馆香港分公司出版。同年，法兰克福国际书展将此书列为本年度第一流图书。另外，由人民美术出版社出版的《中国美术分类全集》400 册，其中有 12 册，也是由朱老主编。

近年由朱老选编的《养心殿选办处史料辑览》（从雍正朝至宣统时期共分五辑）正由紫禁城出版社陆续出版。其中又浸含了他大量的心血和智慧。朱老从 20 世纪 60 年代开始关注故宫档案资料，为研究宫廷历史、鉴定文物和恢复清宫原状陈设认真寻找根据、依傍，他不惮劳苦，一连用几年时间进行抄录收集。进入 90 年代，他年事已高，又身兼数职，仍一如既往地抄、誊、整理标点。日前已出版的《第一辑·雍正朝》，系雍正元年至十三年间雍正帝有关养心殿造办处的谕者和管理人员的奏事记录，全部由朱老亲自选辑、标点而成，对于研究者和一般读者具有很大的实用价值。同时，该书大量披露秘藏清宫内的档案材料，其内有许多正史无载的枝节末梢，细读，可以获得许多难得的信息……还应特别提到的是，朱老撰写了《前言》，这是一篇导读性很强的文章，以平实的语言论述了造办处的设置、规模、职能及沿革，管理大臣上至亲王下到办事者的升擢调用。还详细地统计出画作、玉作、珐琅作等各行各业的名手160余人，指出其姓名在其他史籍中从未记载过，可填补清代工艺美术史上的空白……大量的辨析、发见、梳理、抄录等工作都彰显了一位老文物专家的敬业精神和真知灼见。朱老功不可没，遗憾的是他已不能一一亲睹他这些丰硕的劳动成果。

朱家溍先生约从60年代中期始到故宫图书馆工作，30年来，在很多图书编纂过程中，他既是整体策划的指挥官、业务导师，同时又是具体工作冲锋陷阵的工作人员。查找书籍，埋头在库里东翻西找，一天接着一天，编目录卡片，伏案书写，又是一天接一天，还时时不忘指导青年人，手把手地教，比如告诉他们在行文中使用"此书"和"该书"两个词语是有差别的，不可混用。在引证论述上，告诫大家：起码不能出"硬伤"，否则不仅是水平问题，而且要贻误后人。他还尽量给青年人提供展露才华的机会，想方设法把他们推上去。

古贤楮墨滋灵性　小楼绝艺有真传

朱老在工作上是精深卓越的大专家，同时，他又是个才艺出众、爱好情趣多样而高雅的人。几十年来，尽管布衣陋室、粗茶淡饭，但精神生活健康、丰富，没有不良嗜好。上大学时，少年壮志，强身为报国，喜好各种体育运动，足球踢得好。后来多年喜欢摄影，拍风景、拍文物，虽然无心做摄影家，但拍照片时很是用心。到老了，仍不怕辛苦，出差到外地，仍不忘背上自己的相机。晚年撰写了厚厚的上下两册《故宫退食录》，正文前，有十几幅图片，他特意选用了自己拍的两幅摄影作品，一幅《静物》，一幅《兰》，选材、构图都很有水平，且蕴意深远，让人赏心悦目。朱老晚年还特别喜欢盆景艺术，也许是为了消解案牍劳乏，在他的办公室里、家里，都摆放了许多他买来的盆景，把四时花木和大千世界缩现于咫尺之内。这爱好，竟影响了周围的同事，也学着朱老买盆景、谈盆景。

当然，让朱老一生深爱的还有笔墨丹青，因为生于书香世家，收藏甚多，使他得以熏染陶冶，再加上个人努力学习，因此，年纪尚轻，已是淹通书画、妙擅丹青了。由于工作需要，朱老喜欢写楷书，而且多是小楷，自幼临习唐碑，如欧、颜、柳诸家，汉隶也写得好，深得古法。早年曾向溥心畲学画，多获大师指教。工作后，虽然很忙，还常常静下心来，花几天的工夫临摹古画。如1998年，朱老连用数日精心临摹了《五牛图》，并在上面题识："韩滉五牛图久佚海外，周恩来总理自香港购回，仍藏于故宫。今逢总理诞辰百年之际，临摹此图，以志不忘。"后来，1997年，香港回归，他临摹了《临冬至阳图》，"以志吉庆"。他还临有《浙江上人画山水卷》等，皆古法备至，形神具妙，几可乱真。

除上述爱好之外，要说朱老的最爱，则是京、昆戏曲，这也许仅次于他对文物的爱好和钻研了。舞台上各个行当的戏他会100多出，尤其是对杨小楼的武生戏，他钟情于此长达80年，登堂入室，造诣非凡。

朱家溍早年在辅仁大学上学时，就以能演正式生戏闻名。过去许多文人都爱唱票戏，唱老生的多，唱旦角的少，唱武生的要武术的基本功，所以，票友多不曾学过武术，也不敢擅动武生戏。朱家溍七八岁时，常随祖母去吉祥剧院看杨小楼、梅兰芳的演出，得以瞻望风仪，尤其杨的武生戏竟使这个幼童痴迷不已。后来，家里举办堂会戏，杨小楼、梅兰芳、余叔岩等名伶必不可少。年幼的家蟳一看就到下半夜，而毫无倦色，他后来跟父亲说要学戏，而且只学杨小楼，父亲想了想，答应了，但告诫他，学戏可以，但要认真，并且日后不可以此为生下海唱戏。父亲的意愿还是要他读好书，以期大成，将来对社会有用。父亲为他请了好几位名师，其中有杨小楼的女婿刘砚芳、名票友红豆馆主溥侗等，和他一起练功的是杨的外孙刘宗扬。

朱家蟳 13 岁首次登台演《乾元山》，扮哪吒，得到杨小楼的赞许，杨指着家蟳对自己的几个徒弟说："朱家四哥儿的坯子比你几个都强！"有一年，故宫在神武门城楼上辟为剧场，由博物院中的同人来演戏，朱家蟳主演《摘缨会》，连舞带唱，尤其武生的"短打"极见功力，深得杨小楼真传。朱家蟳对杨执弟子礼，毕恭毕敬，亲聆教示，终身服膺。

1951 年，为支援抗美援朝，故宫博物院业余剧团发起捐款义演，从正月开始每周演两场或三场。在《阳平关》《莲营寨》中，朱家蟳演赵云，博得观众阵阵喝彩。后来演《长坂坡》时，张伯驹先生看完，特意跑到后台，对正在卸装的朱家蟳高兴地说："真正杨派的《长坂坡》！现在演《长坂坡》赵云没有够上杨派的，只有你这一份！"

到了 20 世纪 90 年代中，一次朱老回忆自己的业余生活时说：我爱演戏，唱练做表，是自我艺术享受……每年必有一至三次，规模比较大的是 1985 年北京市举办京昆艺术节，有我一场京戏《青石山》、一场昆剧《寄子》，都是和梅花演员宋丹菊合作的。1989 年有中国戏曲学院和北京京剧院举办的杨小楼 110 岁纪念演出，我演《湘江会》。1990 年徽班进京 200 年大会，有我一场《别母乱箭》，1994 年纪念余叔岩，我又演了《别母乱箭》。另还有几次在剧场演出京剧《戏凤》《别姬》，昆剧

《卸甲》《告雁》《刀会》《小宴》等。

朱家溍对杨派武生艺技，钻深研透，崇仰先贤，眷念师门，深得其中三昧，他扮演的武生赵云、关羽等，都是虎将，唱念做打，一一细心琢磨，为此，一举手、一投足，无不虎虎有生气，八面威风。屈指一算，杨小楼先生已辞世60余载，他的嫡传弟子如李万春等都已不在人世，现在能传杨派绝艺的，恐怕只有朱家溍了。故此，名宿姚玉芙断言："朱先生的杨派武生，再也找不到第二位了。"戏曲家黄宗江这样评价朱老："犹如杨小楼再世，有乱真之美。"

我的历史地理学之路

侯仁之 口述　梅辰 整理

　　侯仁之，现年92岁。著名历史地理学家。1940年毕业于燕京大学，获硕士学位；1949年获英国利物浦大学博士学位。他曾因掩护学生抗日，遭日寇逮捕；他奔走呼吁，为保护北京市的古城起源及新城市规划作出了重要贡献；他深入西北沙漠实地考察，为治理沙区提出了重要的科学依据；他被公认为中国现代历史地理学的开拓者，被誉为"中国最丰厚、最富有激情的地理学家之一"。

　　坐在侯先生古色古香的书房里，听他讲述那尘封已久的往事，仿佛时光又回到了那久远的岁月中……

　　侯老开门见山地对我说：有人说"从事地理地质工作是一件很艰苦的事，所以很多人都不愿意学"，我不这样认为。我曾经是地质地理系主任，主讲历史地理学，我没有感觉到学生不愿意学，我的学生都很好。历史地理学么，我说它是又古又今之学，它既要研究历史上的古籍文献，又要结合现代地理学的知识加以实地考察，是读书加行路的一门学科。

研究地理要经常到野外去工作，这样就要求必须有一个好的身体。实际上我小时候身体很不好，连续两年都因为身体原因升不了学，后来父亲就把我送到德州博文中学，那时我的一个堂兄侯成之，他是东吴大学体育系毕业的，就在博文中学教体育。博文中学是个教会学校，有很大的操场，包括篮球场、网球场、足球场。我父亲就想让我跟着堂兄把身体锻炼好。那时候，同学们下了课打篮球，都是自组阵容，由两个同学挑选队员，甲挑一个、乙挑一个……每次挑到最后，总是没人挑我，因为我太弱、太瘦小了。没人挑我，我就自己绕着操场跑步，每天跑，堂兄也鼓励我坚持下去。到了第二年春天，学校开运动会，同学们推举我参加 1500 米的比赛，为班级争分。比赛时，我跑了一段，回头一看，一个人也没有跟上来，我得了第一名。从那以后，身体就真的好起来了。考入燕京大学后，我还曾经是燕京大学 5000 米纪录的保持者，直到后来与北京大学合并后才由年轻学生打破纪录。"文革"的时候，我被送到江西鄱阳湖畔进行劳动，（他们）不允许我参加学习。我就利用别人学习的时间在外面跑步，冬天很冷的时候我也坚持跑。

侯仁之因护送学生抗日，遭日寇逮捕；罪名为"以心传心，抗日反日"，后转送日本军事法庭候审。迟至 1942 年 6 月中，他被判刑一年，缓刑三年，取保开释，附加条件是："无迁居旅行自由，随传随到"

1932 年我考入燕京大学，随后的几年里，正是日寇入侵东三省之后又进一步向华北沿线推进之时。燕京大学因为是美国人开办的教会学校，所以学校里还可以正常教学。但师生的抗日活动却在不断地进行中。历史系顾颉刚教授还组织编写抗日救的宣传材料，学生中也不断发起支援长城沿线抗日将士的活动。"一二·九"学生运动中，燕京大学的学生起了领导作用，学校教师也对学生的爱国行动给予大力支持，外籍教师也是一样，像写了《西行漫记》的美籍新闻记者埃德加·斯诺当时在燕京大学新闻系兼任讲师。此后，斯诺前往延安，写出了他那部非常著名的、影响甚广的《西行漫记》。

1940 年夏，我研究生毕业留校，司徒雷登校长约我谈话，当时的情景我记得很清楚。他的办公室在办公楼一楼，他说："侯仁之，你在学校是本科生又是研究生已经有八年时间了，现在学生中遇到很多问题，北平沦陷了……"他要我在教课之外再兼管学生工作。因为当时有的学生家庭遭受战火影响，经济困难；有的学生则想到抗日根据地去，等等，这些都需要有人来关心和帮助。司徒校长选中我，大概是因为我在校做学生已有 8 年时间，比较了解学生的情况吧。司徒校长找我谈了后，我很着急，因为我下半年还要教课，于是我就去找了我的老师洪煨莲先生。煨莲师给了我一个很好的建议，他说校长找你，肯定有他的道理，你一个人是忙不过来的，最好组织个委员会……最后司徒校长决定成立一个"学生生活辅导委员会"，我任副主席，主席则由深受学生尊敬的一个外籍教师夏仁德教授担任。我的主要工作是帮助那些要投身到抗敌救国斗争中去的学生前往解放区，包括联系路线等。当时我是通过一位以研究生名义留校进行地下工作的党员陈杰把同学们送往解放区的，我把要去解放区的同学介绍给他，由他联系前往。我以学生辅导委员会副主席的身份，掩护这些学生分批离校。

当时我在教学之外，正在赶写一篇学术论文，是关于北京古河流的研究，题目是"北京金水河考"。一天早上，我刚写完开头的一部分，日寇就前来逮捕我，连同我的草稿和参考用的地图，一齐带往日本宪兵队本部。那时我的老师洪煨莲先生还有其他燕京大学的师生也被关押在那里。

到了日本宪兵队，我就被带到地下室，记得两边都是栏杆，一开门就咣当当地响。走到一处铁门前，他们咣当把门踹开，让我钻进去。我钻进去一看，里面还有一个人，他就是后来有名的电影表演艺术家孙道临，当时他的名字叫孙以亮，是燕京大学话剧团的主要成员，因为演出有抗日色彩的话剧而被捕。他的哥哥孙以宽就是在燕京大学化学系毕业后，由我出面与地下党联系，掩护其前往太行山区支援北方抗日大学的。

说起来那真是一段让人难以忘怀的往事。我记得每天晚上，我们躺在硬地板上，彻夜长谈黄河文化，我讲对《黄河大合唱》的热爱；讲黄河的故事；讲救灾于黄河的民族英雄；讲我将来要写《黄河传》……因为在我被捕之前不久，燕京大学刚好买了一批英文书，其中就有著名传记作家路德维希（Emil Ludwig）写的《尼罗河传》，深深地触动了我，我想黄河的影响比尼罗河还要重要啊，为什么不写一本《黄河传》呢？我也就想写一本有关黄河的传记。

因为日寇对我送学生去解放区参加抗日一事一无所知，遂以"以心传心，抗日反日"的所谓"罪名"将我转送日本军事法庭候审。拖至1942年6月中，对我判刑一年，缓刑三年，取保开释，附加条件是"无迁居旅行自由，随传随到"。出狱后，我连夜赶到岳母家，当时我的爱人和孩子都住在岳母家，那时我们的孩子已经降生半年多了。我透过门缝，看见里面已经入睡的妻、子，禁不住悲喜交加。

中华人民共和国成立之后，全国高校进行院系调整，北京大学和燕京大学合并为北京大学。随后广州的中山大学和岭南大学合并，教育部派了一个工作队，十个人，我也是工作队成员之一。途经武汉的时候，当地院校的一位校长站到我面前说："侯先生，您还认识我吗？我是陈

晶然啊。"他就是我当年送到解放区的学生之一，他到解放区后改名为
陶军，入了党、做了干部，和邓拓是好朋友。

**侯仁之1946年留学英国利物浦大学，1949年获博士学位；
并于同年9月底在地下党组织的帮助下取道香港回国；回国后第
三天即参加了在天安门广场举行的中华人民共和国开国大
典……此后，侯仁之以北大地质地理系为基地，不断探索新的
历史地理学研究，拓展了学科视野**

我是怎么喜欢上历史地理学的？这就说来话长了。当年我考入燕京
大学历史系不久，我的老师洪煨莲先生关于勺园研究的重要著作《勺园
图考录》出版了，里面收录了晚明以来勺园主人米万钟家事以及描述勺
园景物的诗文记载，并且进行了勺园故址及其地理位置的考证。看了那
个图后，引发了我对地理考证的兴趣，我也开始了对学校周围诸名园进
行考察，先是圆明园、颐和园，然后一直到西山。那时校园周围一片荒
凉，特别是圆明园杂草丛生、荒无人烟。我考察了包括河湖水系、地形
变化等一系列的问题，引发了我考察北京西北郊区历史上著名园林区的
兴趣，进而扩大到对整个北京地区地理地貌的兴趣。再后来就是顾颉刚
先生开了一门叫作"古迹古物调查实习"的课，我是他的助教，需要提
前整理好相关资料发给同学做参考，在收集、查阅资料的过程中，一步
一步地引发了我对研究北京历史地理的兴趣。

后来我知道了煨莲师的弟弟在清华教地理学，他是从法国留学回来
的，我就想转学到清华去学地理。煨莲师不同意，但他看出了我的兴趣
已经转到历史地理学上来了，他就对我说："你不必去清华，让他来给
你讲课……"有一天一大早，煨莲师打电话给我，叫我去他家。一般他
都是下午会客，而且他的书房从来不让旁人进去，可那天上午他却破例

把我叫进书房，见我的第一句话就说："择校不如投师，投师要投名师。"什么意思呢？因为他当时送几位学生去了哈佛大学，哈佛虽然是名校，但它没有地理系，英国利物浦大学虽然不如哈佛那样有名，但它有地理系，而且还有像罗士培教授那样的地理学大师。煨莲师发现了我的兴趣所在，他要送我去英国利物浦大学，只可惜后来欧战爆发，未能成行，等到日本投降以后我才去的。

以前虽然中国也有历史地理这个名称，但主要是研究疆域变迁、地界变化。没有讲一个城市为什么成长起来？有什么条件使它在这儿，而不是在别的地方成长？在成长的过程中遇到的问题是怎么解决的？比如水源的问题、南北交通问题怎么解决？一个城市的成长是受很多地理条件的约束的……我学到了很多观念上的东西，终生受益。

侯仁之的重要贡献之一是将中国城市历史地理的研究推向新阶段。他以现代地理学的观察角度揭示了北京城起源、发展、历久不衰的深刻地理原因，揭示出中国古代帝王都城建设中深厚的意识形态背景

北京城最初的名称叫作蓟。为什么叫蓟呢，因为在蓟城的西北角，有一个高丘，叫蓟丘，城就因为蓟丘的"蓟"而得名。古代的城市，像鲁国的曲阜等平原城市，多是以高丘的地理位置建城。北魏地理学家郦道元在他的名著《水经注》中有过"蓟"的记载。公元 938 年，辽朝在这里建立了陪都，改称南京，也叫燕京。那么北京城为什么能够在这里成长呢？因为蓟城的上游有一个湖叫西湖，也就是现在的莲花池，它解决了一个城市的成长所必须解决的水的问题，也就是说莲花池是北京城的发源地。北京城是靠着一个丘、一个湖才成长起来的，它距今已有3000 多年的历史了。

有人会问北京不是有一条永定河吗？为什么它不在永定河附近建城？确实，世界上很多有名的城市就是在河流渡口上成长的。比如说英国伦敦的起源，南来北往都要经过伦敦桥，所以它就成长起来了。而北京为什么没有在永定河的渡口上成长起来，原因就是我国华北地区降水的特点，冬天天寒地冻，降水稀少，夏天又常常暴雨成灾，河水泛滥，渡口常常受到威胁，无法建城。因此就来到了蓟丘，又利用了莲花池的水。所以这个莲花池意义非常重大，可以说没有莲花池就没有最初的北京城。

中华人民共和国成立十周年的时候，中央考虑在老北京站以西大约8公里的地方再建立一个新的大型车站，成为北京的新大门，号称"京门"。当时选址的时候，曾考虑到莲花池遗迹，那时它已经水源减少、湖水干枯，地势又较低，也没有搬拆迁问题，既节约经费又可以马上开工。我知道了以后，坚决反对。北京是靠着一个蓟丘、一个西湖（莲花池）才成长起来的，作为北京历史上城内、城外水源的起点，它是研究古代北京水系变迁和金中都城位置、地貌等历史地理方面的重要物证。这不是一般的古迹，它对于北京有着重要的意义。因此我就写报告，提出我的建议，呼吁要完整保存北京古迹。市领导非常重视，经过规划建设，现在西客站就建在了莲花池的东北岸上，莲花池也整治修复、疏浚通水，是一处有着历史渊源的自然风景。人们一下火车，不仅感受到新时代雄伟壮观的"京门"——西客站，还能追根溯源至北京城的起源，多有意义啊！

侯仁之的历史地理学情结

徐 征

  现年 95 岁高龄的侯仁之先生是中国科学院院士、中国现代历史地理学的开拓者。1999 年 11 月他获乔治·大卫森勋章时，美国国家地理学会曾经这样评价他："侯博士是中国学术成果最丰厚、最富有激情的地理学家之一。他坚持出版研究著作，并积极培养年轻的地理学者。他的著作跨越自然科学与社会科学的领域，这使他成为当代地理学的世界级领导人物。"

  先生 1932 年考入燕京大学历史系，1937 年毕业后做顾颉刚先生的助教，后转为洪业教授的研究生。因对地理考察的浓厚兴趣，1947 年，洪教授推荐他到英国的利物浦大学地理系学习，师从罗士培教授等地理学大师，于 1949 年获博士学位后回国。他先后在清华大学和北京大学任教，曾经被北京市计划委员会副主席梁思成教授聘请为该委员会的委员，曾任中国地理学会副理事长、北京市人民代表大会代表及全国政协委员等。

  我曾就读于北京大学，虽与先生无师承关系，但我一直敬重他，视他为我的老师。从在海淀区做史志工作起，我深得先生学养的教益和指导。除阅读他大量著作，还多次去拜访、请教过他。20 世纪 30 年代，先生曾考察过西山水系。近些年，在先生精神的影响下，我也沿着他当年走过的路线重新考察了一遍，并出版了《样式雷疏浚北京西郊水道》（样式雷系清代建筑家）一书。2007 年春节后，我又到医院去看望了他老人家，聆听他叙述倾其一生的历史地理学情结。

开创历史地理学科

先生说，我这一辈子上过两个大学，一个是在正式大学接受历史地理基础教育；一个是圆明园大学，在这个大学里我接受了遗址教育。先生在北大读书时，常到学校附近的圆明园、颐和园去，后对西北郊的多家名园至西山的地形变化、河湖水系进行了考察和探寻，由此引发了他对北京地区地理地貌的兴趣，后来逐渐把视野引向了历史地理学的研究。

1950 年，先生在北大地理系讲课时建议将大学历史课中的"中国沿革地理"改名为"中国历史地理"，并获得了教育部的批准。他为此写过《中国沿革地理课商榷》一文发表在 1950 年 7 月号《新建设》杂志上。这门新兴的分支课程具有独立的理论体系，即现代地理学领域中的"历史地理学"。中华人民共和国成立初期在院校调整后的新北京大学地质地理系首开其例得到了发展，其后分别设立了地质系和地理系，在地理系中又成立了历史地理研究室，使研究历史时期的地理问题从原来附属于史学的地位中解脱出来而依托在地理系。简单说，历史地理学就是探讨一个地理环境在"过去"和"现在"之间发展演变的规律。1962 年，先生发表《历史地理学刍议》一文，进一步阐明了现代历史地理学的学科性质、研究方法及与传统沿革地理的重要区别，使其发展成为一个新的学科。在以后的数十年间，先生全力以赴从事历史地理学的教学和研究工作，先后出版了《历史地理学的理论与实践》《历史地理学概述》等专著，为这一学科的建立、发展作出了杰出的贡献。

1988 年，先生主编的《北京历史地图集》（第一集）由北京出版社出版。这是一个阶段性的学术成果，也是地区性沿革地理研究日臻深入和完善的体现，由此开启了他对北京的历史地理研究，同时开始参与首都的城市规划建设当中。

建城以水为先

古代城市的出现是建立在人与自然和谐相处的基础之上的。从北京城市的起源来看，最原始的城市可以追溯到城市的选定。先生在《明北京城城墙遗迹维修记》中写道："北京城的兴起始于周初，去今已三千余年，其原始聚落曰蓟……后世称为燕京，来源于此……遂为辽、金、元、明、清五朝建都之地。"先生经过审慎的研究和严谨的论证，在1990 年第 2 期《地理知识》杂志上发表了《迎接北京建城 3035 周年》一文，解决了北京建城时间的悬谜，提出了"1990 年则是北京建城3035 周年"的结论。这一推断得到了学界的认可。1995 年，为纪念北京建城 3040 年，北京市在广安门外的滨河公园建起了一座"蓟城纪念柱"，并特请先生撰写了《北京建城记》的碑文。

先生认为城市的选址、建立，首先要以水为先，因为他认识到北京城址的迁移与河流水道变迁的关系。在研究北京古城的起源时，他极为注重探求古代水源的源头，以及如何保护水源源头的修复和利用。

从清代古书的记载中，我们得知，永定河以前无论多么桀骜不驯，但它确是北京的母亲河。1949 年 11 月，中华人民共和国刚刚成立，水利部决定立即报请中央尽快考虑治理永定河，修建官厅水库，以确保首都的防洪安全。1957 年建立了永定河引水渠。先生多次参与了永定河的调查、治理的研究讨论工作。同时撰文《要永定河的水为首都服务》，指出"征服永定河的一个重要关键，就是官厅水库的修筑……官厅水库的修筑，不但驯服了永定河，而且为解决北京一部分水源提供了保证。"强调发挥永定河引水渠的作用以补给内城水源的不足。

1943 年，先生为摆脱敌伪的干扰，曾到英租界私立达仁商学教课，其间从事天津历史与地理的研究，完成了《北京金水河考》的初稿，1946 年发表在《燕京学报》第 30 期上。1949 年夏在英国利物浦大学，先生以《北京的历史地理》论文通过答辩，获得博士学位。1955 年在第 1 期《北京大学学报》发表了《北京城市发展过程中的水源问题》一文，后又撰写了《北京历代城市建设中的河湖水系及其利用》的论文。由此可以看出，他极为注重对北京城市水源、水系的研究和考证。

1984 年春，先生出访美国康奈尔大学建筑学院城市与区域规划系的时候，正值北京要建滨河公园的消息传来。于是先生赶写了《要看到建设滨河公园的历史意义》一文，刊登在当年 5 月 7 日的《北京日报》上。滨河公园西侧有辽代"天宁寺"古塔，其南有青年湖（即金代的鱼藻池），这正是金中都城的中轴线，也是金大安殿所在的地方，相当于现在紫禁城的太和殿。为此，先生曾于 1993 年 10 月 1 日撰文《金中都城鱼藻池遗址简介》，现碑文刻立于青年湖旁。

元初，郭守敬开渠引水入大都城，使南来的漕船可以直泊积水潭。今日新开京密引水渠，自昌平白浮泉而下直至昆明湖，仍循元时古水道。1267 年，忽必烈决定放弃旧城，以琼华岛为中心兴建新城。历时 20 年，即是蜚声中外的大都城。什刹海一名来源于明代的什刹海寺，为此，先生写下《什刹海记》。文中云："元初新建大都，选址在什刹海畔，紧傍东岸确定全城规划设计之中轴线。其后即今位于首都中心之北京旧城。北京旧城为我国封建社会都城建设之杰出的典型。全城布局严整，具有高度艺术水平，在世界范围内享有盛誉。""原有寺屿，荡然无存，今经重新规划，既有所继承，又善于创新，并因寺宇增设郭守敬纪念馆，饮水思源，不忘先贤筚路蓝缕之功。"他的这些文字现今镌刻在什刹海南岸的石碑上。

把古都的风貌夺回来

先生当年从家乡来到北京，看到巍峨的正阳门城楼和浑厚的城墙出现在眼前时，就好像瞬间感到了历史的真实。先生说："我对北京这座古城的城墙和城门怀有某种亲切之感，是它启发了我的历史兴趣。"1988 年 8 月在城墙遗址南部西侧的碑上刻写着侯先生的话："北京城墙与城楼以其雄阔巍峨的形象与建筑工艺，具有重要历史文物价值。"对于北京城的来源、历史，先生曾撰写过许多有关建都的重要论文，如《元大都城》《明清北京城》《论北京建城之始》《北京城的兴起》《关于古代北京的几个问题》《北京旧城平面设计的改造》等。先生在这些文中详细论述了古都北京的形成、发展及现今首都的地位和风貌。他多次强调对待古都的方针应该是：研究古都、保护古都、开发古都、建设古都，要"把古都的风貌夺回来"。

先生说过："我已确信，没有对过去的研究和理解，就不能有效地规划未来，社会环境、经济环境、物质环境、自然环境均适于此，概莫能外。"他将历史文化融入历史地理学的研究中，并与北京城市的改建结合在一起。几十年来，他孜孜不倦地探索北京城市起源、城址变迁、园林营建、水源开发利用、地下古河道复原及城市平面布局特点等；对北京旧城改造、规划和新建项目也多提供科学的依据。有专家评论，他的研究著述对制定首都建设发展的有关方针、政策、方法有重要的参考价值。今日京城许多旧景重现，都源于他的一些大手笔。

卢沟桥曾是抗日战争的重要见证物，面对桥体破损严重一直未得维修的状况，1985 年 8 月 15 日，先生在纪念抗日战争胜利 40 周年之际发表《保护卢沟桥刻不容缓》一文，指出："文物古迹是城市文脉的载体，丢了它们，就丢了城市的记忆"，"卢沟桥所面临的问题，虽然发生在首都，影响却在全国，甚至在全世界。"几天以后，北京市政府决定：自 8 月 24 日开始，"卢沟桥禁止机动车与兽力车通行"，古桥正式"退役"，得以挽救。此后，卢沟桥不仅经过多次整修，还在 2002 年 9 月公布的《北京历史文化名城保护规划》中，与宛平城同时被列为旧城外的 10 片历史文化保护区之一。

1989 年，中华人民共和国成立 40 周年时，中央要建西客站，选址时曾考虑到莲花池遗址处，因其湖水已干枯，无搬迁问题，可节约经费马上开工。侯先生知道后坚决反对。他说："北京是靠着一个蓟丘，一个西湖（莲花池）才成长起来的，作为北京历史上城内、城外水源的起点，它是研究古代北京水系变迁和金都城位置、地貌等历史地理方面的重要物证。这不是一般的古迹，它对北京有着重要的意义……"他反复强调"先有莲花池，后有北京城"，"莲花池是北京的生命源头"。于是，侯先生写报告、提建议，四处奔走、八方呼吁，希望"完整地保护北京古迹"。北京市领导经过研究、讨论，最后采纳了侯先生等专家的意见，重新规划后的北京西站建在了莲花池的东北岸上。

1998 年 4 月，87 岁的侯先生为北京市委作《从莲花池到后门桥》的报告时，他再次强调莲花池的水是北京建蓟城的生命之源，莲花池的存在影响着北京城的成长。所以他"殷切希望"，能重新"唤醒"莲花池，恢复莲花池的原有水景。报告中还提到，后门桥位于元大都中轴线起点与皇宫中心点之间，在北京的变迁过程中，"中轴线"具有重要意义，"它可是从老北京到新北京的历史见证者"。面对后门桥残破凋零，水面也已经消失的情况，他呼吁"保护中轴线"，把水引入后门桥，殷切地希望能够"恢复后门桥下这段河道的水上景观"。先生的报告受到北京市领导的高度重视，他的建议被正式采纳。2000 年 12 月 20 日，莲花池和后门桥遗址举行修复仪式并都得以重新修复。至今后门桥西侧新造石桥上刻着的"金锭桥"，即是他受北京市领导的委托而命名的，而3 个字是从他的信中拓下来的。先生在 85 岁高龄时参加了莲花池和后门桥遗址修复的开园仪式。他当时已走不了路，是坐着轮椅去参加的，此举撩动人心。对于北京，先生真是"知之愈深，爱之弥坚"。如今，莲花池水清幽荡漾，后门桥下碧波涟漪。他欣慰地说："我晚年两个最大的心愿，都实现了！"

对北京海淀区的贡献

先生在 1950 年刚回国不久，就写出了《北京海淀附近地形、水道与聚落》的研究论文，为在首都规划中论证、确定文化教育区奠定了基础。当时的八大院校都建在了海淀区。先生在北京大学读书和任教至今已有 75 年，他任多年海淀区人大常委会委员。从学生时代他就开始研究海淀地区的地形、水源等，对海淀区的环境规划有许多重要建树。

在北京大学校庆 90 周年时，他将一部旧作重新考订更名为《燕园史话》作为献礼。书中详细地对北大勺园等旧园林作了历史略说，并附有插图，是资料性很强的西郊私家园林的最好版本。在另一部《晚晴集》中他续写了《燕园史话》的姊妹篇《燕园追踪记》和《燕园回忆录》。对于北京大学的校内文物，他以丰厚史料考证了图书馆藏的明代画家米万钟手绘的《勺园修禊图》和勺海堂前的"巍巍一石"是北京大学校园内现存弥足珍贵的文物"双璧"。

1979 年，先生兼任北京市海淀区人大常委会副主任。同年 11 月 3 日，在海淀区作《海淀附近地区的开发过程与地名演变》的报告。他介绍了海淀区地名的来源和演变，讲述了世居此地的老人都不曾知道而发生在身边的历史典故。讲海淀区地名来源时，他联系历史和社会的变迁，妙语连珠、语惊四座。他举例说明海淀区有许多地名都与杨家将有关系，比如说："六郎庄"、"挂甲屯"、佘太君的"望儿山"等。他分析这些地名的来源是有一定的政治历史背景的。清入关后，老百姓借杨家将举家奋战抗击金兵反对侵略者的故事来表达一种抗清的情绪。再如，有些地名带有明显的历史痕迹。如"魏公村"，在元初时是新疆维吾尔族人的居住地，当时叫"畏吾村"，因为是少数民族的发音，后来讹传为"魏公村"，很多人问"魏公"是谁？实际历史上没有"魏公"这个人。"文革"时期曾一度改为"为公村"，意思是好，但改来改去，不见原来地名的影子就失去原意了，所以，地名最好不要乱改乱叫。

1980 年海淀区地名普查办出版了《北京市海淀区地名录》一书。在前言中曾表示对侯先生的敬意和感谢。感谢他"对本区地名工作给予了热情的关怀与帮助"。认为他"报告中对本区的自然地理成因、演变和地名历史沿革作了较为详细的论证，具有重要的学术价值和史料价值"。以后，先生针对海淀区的环境改造和建设工作，还曾为有关方面作过报告。

侯先生这次讲课受到与会者的热烈欢迎，使海淀区的一些地名迷、文物迷、传说迷们都加深了对自己居住地的认识和了解，受到很大的启发。我有幸聆听了先生的这次讲座，获益匪浅，兴起了对地名学的兴趣，于 2003 年出版了《海淀地名典故》一书。

据史书记载，海淀镇从元代至今已有八百多年的历史，随着旧城改造，昔日的"海淀镇"今已变为"中关村西区"。为保护海淀的古迹遗址免于全部拆迁，先生经多方的呼吁、奔走疏通，终于保留了两处遗址。一处是清代乾隆到苏州街经过的一段御路（火神庙至黄庄一带），原由 1 米的大方石头铺就，现已沥青覆盖。另一个是双关帝庙（黄庄路口东部）和火神庙（北大西南角）。海淀区古迹很多，最有价值和特点的是古代园林。由于年代久远，今人难辨。先生经过考证在恰当之地立石为标，并题园名。如"文水陂"在勺园，"承泽园"在挂甲屯，"畅春新园"在芙蓉里小区附近。先生所为是在告诫今人，此地应加强保护。

1980 年，先生在《保护整修及利用圆明园遗址倡议书》上签下了自己的名字，同年 10 月在《圆明园学刊》上发表文章。文中用圆明园景区中的布局设计、艺术效果惨遭破坏的实例，强烈谴责外国侵略者毁坏这座世界名园的罪行，并对修复和保护提出了具体的思路设想。事实上，后来圆明园的整修工程即按照侯先生的构想逐步落实的。1984 年 12 月 1 日，中国圆明园学会在海淀影剧院举行隆重的成立大会。先生出席了大会，并被推选为学术顾问。

中国地方志指导小组办公室调研室、《中国地方志》编辑部的同志们曾拜访过先生。先生认为，地方志的纂修是我国的一个特点，任何一个国家都没有像我们这样从长期的历史发展过程中创作出这么一种记载形式——地方志。他希望：新修地方志中应该增加反映地理变化的内容。编纂志书要重实地考察。为写好《北京市海淀区志》，2001 年 6 月 27 日，海淀区原政协主席、《北京市海淀区志》主编张宝章等人看望了当时 90 岁高龄的侯先生，聘他为《北京市海淀区志》的顾问。先生接过顾问聘书深情地表示，愿为《北京市海淀区志》出力，同舟共济修好志书。他说，古代地方官获取有关一地信息的主要来源就是志书。他的个人研究中有很多地方都是得益于地方志的。我当时作为《北京市海淀区志》的副主编，也有缘来到先生的家中，与先生进行了亲切交谈并合影留念。

开启申报中国世界遗产

1972 年 11 月 16 日，联合国教科文组织通过了《保护世界文化和自然遗产公约》，后又通过了《保护非物质文化遗产公约》等文件，并在世界范围内开展了文化和自然遗产、人类口头和非物质文化遗产代表作的申报工作。1984 年，先生应邀去美国康奈尔大学讲学，在与外国同行的接触中，他第一次听说国际上有个《保护世界文化和自然遗产公约》，对外国朋友质疑中国历史悠久，有着极其珍贵的文化遗址和著名的自然风景却为什么没有加入这个公约的问题，先生触动很深。他意识到这是一件大事，如不加入公约，中国将不能享受签约国所应享受的一切权益。此时，这个公约已诞生 12 个年头了，但国内几乎还没有人注意到它的存在。先生怀着对祖国文化和自然遗产的挚爱，以及从事历史地理学工作的强烈责任心，回国后为此奔走呼吁："这是一件大事，我国不但应当引进有利于建设物质文明的各种技术、设备和资金，而且也应该积极参加有益于世界人民精神文明的国际文化科学活动。"他称得上是功不可没的我国"申遗"第一人。先生遂以全国政协委员的身份起草了一份提案，具体介绍了有关"世界遗产公约"的情况，明确提出："建议我国尽早参加《保护世界文化和自然遗产公约》，并准备争取参加世界遗产委员会。"提案写好后征得阳含熙、郑孝燮、罗哲文先生的同意和联合签名，于 1985 年 4 月召开的第六届全国政协第三次会议上正式提出并获通过。同年 12 月 12 日，中国终于成为《保护世界文化和自然遗产公约》的缔约国之一，于 1986 年开始向联合国教科文组织申报世界遗产项目。1999 年 10 月 29 日，中国当选为世界遗产委员会委员。至

2006 年 7 月，中国先后被批准列入《世界遗产名录》的世界遗产已达 33 处，数量居世界第三位。北京大学地理系还率先成立了"世界遗产研究中心"，从而带动了国内高校成立相应的机构。

侯先生研究历史地理学的范围之广、著述之丰、观点之新、造诣之深堪称首指。他的著作及被镌刻在石碑上的文字，都长久流传，为世人共仰。在几十年呕心沥血的教学和科研中，先生共出版专著 12 种，主编图书 7 种，发表专题论文 78 篇，译文 6 篇，此外还有关于教育、科普、传记、游记等近百篇文章登载在报刊上。这些都是他辛勤耕耘的成果，也是他对历史地理学的最大贡献。

除北京之外，先生亦参与了承德、邯郸、淄博、芜湖等城市的规划研究，对这些历史名城的改造建设工作提出了重要见解。由于在城市建设事业上的特殊贡献，先生曾当选为中国建筑学会城市规划学术委员会副主任委员、中国城市规划设计研究院高级技术顾问、北京市文物古迹保护委员会主任委员等职务。他还曾经到西北等地考察过土地沙漠化的成因问题及古城、古墓等，为沙漠治理、建立生态防护林提供了重要的参考依据。

先生做人真挚诚信，凡讲课、作报告，出席国内外的学术活动均认真准备，查阅资料。对人平易礼待，凡有客人到访必送出门外，躬身致礼。无论是校内外邀请或周边相求，他都尽其所能大力相助。虽年事已高，但他总以"不待扬鞭自奋蹄"自勉。

天道酬勤坚如磐石

——记我的父亲杨天石

杨雨青 口述　于洋 整理

　　我的父亲杨天石是中国社会科学院荣誉学部委员、近代史研究所研究员、中央文史研究馆馆员、清华大学兼职教授、浙江大学客座教授、中国现代文化学会常务副会长，因为长期研究蒋介石而广为人知。一般人只看到他所取得的成就，以及他头上的这些光环，却不了解他所付出的艰辛劳动。作为他的女儿，我从小就一直目睹父亲的勤奋和努力。在我的眼中，他俨然就是为学术而生的人。

天道酬勤

　　父亲不仅是研究民国史和蒋介石的专家，而且在中国文学、中国哲学等领域也造诣颇深，然而，父亲走上这条学术道路的过程却是偶然而又充满崎岖的。

"白专道路"走出来的学者

父亲 1955 年就读于北京大学中文系，开始喜好写作新诗，继而涉猎美学，又转而研究中、晚唐诗人及近代诗。就学于中国头等学府的天之骄子，本该有广阔的事业和发展前途，父亲也希望像往年北大的毕业生们一样，进入科研机构或者大专院校，从事研究工作，但父亲事业的开端却很不如意。

大学期间，父亲曾经被扣上"白专道路"的帽子而遭到批判。1960年毕业时，父亲被分配到一所培养拖拉机手的短训班式的学校。这可谓是逆境了，但是父亲却在这样的条件下，开始了自己的研究。

超人的勤奋与坚持

父亲最大的特点就是用功。我小时候家里条件相当艰苦，一家三口住在仅 9 平方米的平房小屋里。那时候没有电扇，到了夏天，父亲坐在桌前看书，仅穿背心，满身大汗，父亲一手摇着大蒲扇，另一手仍然不断地摘抄资料。

"文革"十年，据母亲讲，父亲周围的学者几乎全都放弃了学术研究，因为在那个特殊的年代，出了成果也无处发表。但是父亲仍然坚持研究。那时父亲已调到北京师范大学第一附属中学，每天上班教书，下了班便钻进房间，读书写作，从不间断。窄小的家里堆满了一个个卡片盒，其中装的都是父亲做的卡片。

"文革"一结束，父亲的著作便以雨后春笋般惊人的速度发表出来，惹来一片惊羡和好奇的目光。可是我却深刻体会到，那是父亲十余年厚积薄发的成果。

"哪里先要我，我就去哪里"

"文革"结束后，父亲很想找个地方专心进行学术研究。当时社科院的文学所、历史所，还有近代史所都有意调用父亲。父亲一向认为文史哲不分家，他的想法很简单："哪个所先要我，我就去哪里。"恰巧近代史所先为父亲办好了调动手续，于是父亲就与近代史结下了不解之缘，这个缘分一结就是 30 年。研究中国近代史不能回避的一个重要人物就是蒋介石，最后，这两块"石头"终于碰面，并擦出了让学术界瞩目的火花。

"7 月 15 日开放的话，我 7 月 14 日准到！"

说起近年来研究蒋介石的情况，就不得不提 2006 年起蒋介石日记陆续开放一事。

蒋介石日记的开放主要是由两个人促成的，即美国斯坦福大学胡佛研究所的研究人员马若孟（Ramon Myers）和郭岱君。他们同蒋经国的儿媳蒋方智怡进行了长达两年的商谈，劝说她将蒋氏日记暂存到胡佛研究所，经整理后对外开放。在这个过程中，我父亲也曾起过一点小小的作用。2005 年 11 月，父亲与我到台湾参加纪念抗战 60 周年学术研讨会，通过潘邦正（蒋家代表，秦孝仪的学生）认识蒋方智怡和宋曹利璇（宋美龄幼弟宋子安的儿媳），并一起吃饭。父亲在席间几乎顾不上吃，一直在劝说蒋方智怡开放蒋氏日记。父亲说，从学术研究角度讲，日记的开放越早越好，可以让全世界了解到一个真实的蒋介石。也是机缘巧合，恰逢马、郭二君赴台，打算劝说秦孝仪同意开放日记。父亲和我与他们二人熟识，谈话的主题仍然是如何促成日记早日开放。

2006 年 3 月 31 日，第一批日记终于开放，胡佛研究所举行开幕式。父亲以学者身份获得邀请，因为父亲见过大陆和台湾等地几乎所有蒋介石日记的手抄本，更因为父亲是公认的研究蒋介石的专家。

日记原件开放后，父亲便每天去胡佛档案馆摘抄。档案馆规定，任何人不得以任何形式复制日记。父亲每天几乎都是第一个到档案馆，中午吃饭，最多休息半小时，其余时间都在用笔抄录资料，抄到手指磨出血泡，再磨出老茧。两个多月后，父亲从美国归来，所有人都看出他明显瘦了。母亲心疼地问他："在档案馆你中午吃什么？""泡面啊。"他轻描淡写地说。

在此之前，父亲去过六七次台湾，每次都会去"国史馆"等处查阅档案，那儿的工作人员提起杨先生，都佩服父亲的勤奋和功力。长期的研究和积累，使父亲练就了一双火眼金睛，他说："我看一眼就能知道什么样的资料有用。"这点我深有体会。我也曾经在胡佛档案馆和台湾"国史馆"查阅过档案，但由于经验不足，不少史料抄回来后不是发现已经刊印，就是发现毫无用处。而且我看档案的速度极为缓慢，同样一箱史料，如果全部看完我得用一周时间，但父亲只需几个小时。

2007 年 4 月 2 日，胡佛研究所宣布开放蒋介石的第二批日记，父亲再次赴美，一待又是两个多月。2008 年，父亲仍然孩童般雀跃，不断询问胡佛研究所何时开放第三批日记。听到对方说可能在 7 月 15 日，他立刻不假思索地大声答道："好！你若 7 月 15 日开放，那我 7 月 14 日准到！"明年，胡佛研究所将开放最后一批蒋介石日记，父亲表示，仍将第一时间赴美阅读。他曾经说过，一定要亲自看完蒋的全部日记。他虽然已经年过 70 岁，一般人到了这个年纪，又已功成名就，早就退休了，即使做研究也不会再这样辛苦，但是父亲所考虑的依然是史料、研究、学术，一点都没有考虑过自己的年龄和身体。

"读书"人生

秀才搬家，尽是书

父亲的书太多了。居住条件现在虽然稍微好了些，但也不过 70 平方米左右。有人去家里采访，发现到处都是书柜，从地板到天花板之间都堆满了书。殊不知，这仅仅是父亲藏书中的一小部分，真正惊人的是他办公室里的书。他的办公室就像个小型图书馆，书架之间仅够一个人穿过。来客穿过层层书架，才会看到父亲伏案工作的身影。

"一个纸片都不要乱扔，万一有用呢？"

父亲爱书。那么多的书，父亲一本也舍不得卖。有些已经用不到的书，我们都劝说他处理掉一些。尤其是现在已经有了期刊网，期刊几乎没有必要保存，但父亲却怎么也舍不得。无论什么书，都好好地保存着。父亲常常叮嘱我们："一个纸片都不要乱扔，如果要扔一定要让我过目！不然万一有用呢？"就是这样，父亲的东西，我跟母亲从来不敢乱动，即使一张小小的纸片。

"读书即是休息，没有书读的日子无聊至极！"

父亲爱读书。无论白天和晚上，只要在北京，父亲基本上都在办公室看书、写文章。偶尔晚上有父亲爱看的电视剧，即使看到八九点钟，父亲也会向母亲打个招呼："我去单位看书了啊。"研究所 10 点半就关门了，哪怕还有一个小时，父亲都会去办公室读书。

父亲什么书都爱看，没有一刻能够离得开书。有一年，我们一家三口回姥姥家过年，别人都在寒暄、聊天，或者吃零食、看电视，再就是逛街消遣。父亲回来皱着眉头抱怨："没有书看的日子无聊至极！再有这样的活动不要叫上我了。"并连声说道："太浪费时间了，太浪费时间了！"

父亲现已 72 岁高龄，仍然保持每天长时间阅读的习惯，直到深夜才睡，睡前也在读书。我们把读书当作一项任务、一项工作，但父亲却完全以之为乐趣，视读书为生命。我们劝他休息，不要那么辛苦，他却说："我看书就已经是在休息了。"

两觉三餐

某种程度上，父亲把家当作旅馆：中午和晚上回家睡觉，一天在家吃三顿饭，其余大多数时间，包括周末和节假日在内，都在办公室里度过。周末如果有人打电话到家里找父亲，我们都会告知对方，在办公室。对方通常都会十分惊讶：啊！老人家连周末都不休息？平日办公时间去找父亲的人络绎不绝，周末好不容易清静下来，父亲可以不受打扰，当然要钻入书堆中怡然自得。

除了阅读，父亲几乎没有其他娱乐，近年来父亲日渐年迈，并患有糖尿病，家人担心他的身体，劝他多活动，他才在晚饭后散散步算是运动。但在读书上，父亲的精力始终保持着超乎常人的旺盛。

实事求是，坚如磐石

父亲做研究，坚守恩格斯在《反杜林论》序言中提出来的唯物主义思想路线："原则不是研究的出发点，而是它的最终结果"，"不是自然界和人类去适应原则，而是原则只有在符合自然界和历史的情况下才是正确的。"父亲认为，历史研究要还原历史的真实。历史学首先是科学，不是工具，写历史要敢于说真话。

"还原蒋介石的本相，将提高中国近代史著作的科学性，促进两岸和平关系的发展"

有人说过，在特定时期里、特定环境下，一个研究民国史的学者有着特殊的烦恼。

2002 年，父亲所著的《蒋氏秘档与蒋介石真相》一书出版。第二年，一场始料未及的风波向他袭来。有人化名上书中央，声称蒋介石是"千古罪人""民族败类"，认为父亲对蒋的评价"将造成历史的根本颠倒，带来极端严重的混乱"。这场声势浩大的批判在个别网站上足足持续了两个半月之久，有关机构已经准备罢免父亲的《百年潮》杂志的主编职务了。

父亲不为压力所屈。在父亲看来，民国史研究要前进，必须突破

"内战思维"的影响。提起蒋介石，大家想到的是头上贴着膏药的蒋光头，但很多人并不了解，蒋介石当年是跟着孙中山闹革命的，更不了解毛泽东在 1938 年中共六届六中全会上曾说过，蒋是"民族领袖""最高统帅"，还说国民党前后有两个伟大领袖，第一个是孙中山，第二个是蒋介石。父亲说，有些老同志当年是喊着"打倒蒋介石，解放全中国"的口号，从那个时代走过来的。所以，现在说蒋有功也有过，既有大功，也有大过，他们接受不了。其实，还原蒋介石的历史本相，将提高中国近代史著作的科学性，促进两岸和平关系的发展。

鉴于事态之大，社科院的领导把父亲的书通读了一遍，认为"这是一本扎实的学术著作"，并把这一看法向中央有关领导同志作了汇报。对此，中央有关领导同志给予肯定，特地让社会科学院指派专人和父亲谈话，宽慰父亲，支持父亲继续研究。

对历史研究的心，始终不渝

父亲在家里是个寡言的人，很少讲自己的事，家里的事情从来不管。母亲十分辛苦，曾经颇有微词。母亲说过："几乎没有一个学者像你父亲那样。"

父亲研究学问大半生，从来不图名利，在学术研究无望的年代里如此，在国人普遍贫穷的岁月里如此，在出国、下海、经商、赚钱成为热潮后仍然如此。改革开放后，父亲不为赚钱所动，并且放弃了定居美国的机会，在中国坚守着他所钟爱的学术。如今父亲日渐年迈，按照常理，也该清闲一下，颐养天年了，但是父亲仍然同几十年前一样勤奋忙碌。很多人不解：图什么呢？父亲曾对我说过："赚钱有什么意思？学术研究才有意义！"我知道，这就是他一生的追求，也是直到今天他仍然"拼命"做学问的最大动力。

除了认真、勤奋、实事求是，父亲给我印象最深的还有"严格"二字。从小到大，父亲都要求我用功学习，认真读书。偶尔我考试成绩不好，父亲一定会严厉批评，要求我认真总结教训，并给予不许看电视等"惩罚"。我当年高考的时候是北京市宣武区文科状元，报考全国任何一所高校，任何一个文科专业都轻而易举，但父亲却坚持要求我学历史。我有相当长一段时间不理解，甚至想中途改行，父亲十分生气，坚决阻止。父亲不但自己热爱历史研究，还让自己的独生女儿也承继这一事业。在我学习和研究历史的这些年里，父亲一直坚持要我独立思考，独立选题，独立搜集史料，独立分析，独立写作，不可有依赖思想。对于我的论文，父亲的要求近乎"苛刻"，从观点到文字，必须反复认真修改，不过他这一关，绝不容许投稿发表。现在，我在父亲的引领下走上了史学研究的道路，他对其他学者颇感欣慰地戏称："我的书将来一本都不会浪费了。"

后 记

父亲的新著《找寻真实的蒋介石——蒋介石日记解读》已于近日由山西人民出版社出版，这一著作是他对贯穿 50 多年的蒋氏日记进行总结和分析之后得到的成果。这边新作甫出，那边他又为即将到来的第三次赴美查看蒋氏日记做紧张的筹备工作。看着父亲忙碌的身影，我想，如果一个人的名字可以概括出他的主要人生，那么父亲的名字也许恰如其名，天道酬勤，天生为学术而活，磐石一样，坚定不移。

我是怎样发现王府井古人类遗迹的

———

岳升阳

　　最近王府井古人类遗迹的发现，引起社会各界的关注，于是有人问我，你不是搞考古的，怎么会发现古人类遗迹，在常人看来，似乎只有考古学家才能发现古人类遗迹。其实，发现古人类遗迹或其他古文化遗迹并非考古学家的"专利"，从我所从事的历史地理学研究的角度，也同样有可能发现古人类的遗迹，此次发现就是从历史地理研究的角度实现的。

　　北大的历史地理学专业在著名历史地理学家侯仁之院士的倡导下，很早就注意到环境变迁与古人类活动及史前文化的关系问题，在他主编的《北京历史地图集》第二集中，就涉及三万年来北京的环境演变、古人类的活动和古化石的分布。沿着这个方向进行思考，就会遇到一个问题：人类最早是在什么时候来到北京平原上生活的？这个问题看起来并不深奥，但是由于以往的发现都集中在山区和山台地、阶地上，以致形成一种看法，似乎人类在上万年前还不能到广阔的平原上来居住和生活。在这样的观念影响下，人们一直在北京周围的沿山地带寻找着古人类的足迹，而对平原重视不够。偶尔发现蛛丝马迹，也以为是被洪水从山区冲来的。

我过去也是把目光投向北京的西山脚下，希望在那里找到古人类的遗迹。但近年来，沿着侯仁之先生所提倡的历史地理学的方向进行研究的时候，对上述见解产生了怀疑。我希望能做一些探索，于是开始了在平原地区寻找古人类活动遗迹的工作。在发现王府井古人类遗迹之前，我已经在大北窑、木樨地和海淀等处的工地寻找过，最后终于在王府井找到了。1月7日我在王府井考古现场见到地质大学田明中教授时，他告诉我当他在报上看到这一消息时就感到，这不是偶然的发现，肯定是在某种思想指导下有意识地寻找而发现的。他的话是很有道理的，因为视野和观念的变化是十分重要的。心到才能眼到、手到，机遇才能被抓住。否则的话，即便是在北京从事多年石器考古的专业工作者，也可能只是成年累月地在山根底下转，不会到平原上来寻找。

要找到这样的遗迹，除了观念的变化外，还要有基本知识的准备，在这方面我得益于以往的工作经历和学习。我曾于1983年至1985年在海淀区文物管理所工作，担任过负责人，从事过全区的文物普查和文物保护工作，参加过许多考古发掘。那时就对寻找史前遗迹产生了兴趣。两年前还曾和考古工作者一起在北京西山做过史前遗迹的考察。来到北大以后，也常在考古系旁听一些课程。而且更为重要的是，北大历史地理学专业在侯仁之先生倡导下，提倡运用多学科方法进行综合研究，其中就包括考古学知识和野外调查的方法。

近年来随着北京城市建设的加快，施工骤增，几乎每天都有有价值的遗址、遗迹被揭露出来，又很快被挖掉，这使我产生一种紧迫感，希望尽可能多地进行野外调查。1996年年初，我曾受北大历史系刘桂生教授之托起草《关于加强北京旧城区城市考古》的政协提案，该提案受到文物管理部门的重视。在春天的博士生入学考试之后，我一身轻松，遂有机会更多地进行野外考察。去年一年跑了三十几处工地，有的工地考察过多次，几次向文物部门报告过有关发现。

我于 1996 年春天开始注意东方广场工地，事先并不知道那里会有古人类遗迹，但它宏大的规模和重要的地理位置却引起我的重视，一年中去过十几次之多。开始时我注意的是元代地层，以后随着工程的进展又注意起史前的遗迹。

1996 年 12 月 14 日星期六，我在家复习日语，脑海里却不断闪现出东方广场工地，这大概是较长时间没去的缘故，于是背起背包就出了门。我大约在中午到达东方广场工地，在工地中部看到一块刚挖过土的地方，就走了下去。

东方广场地处市中心，地表以下五米之内，叠压着元、明、清各朝的堆积层，包含着丰富的文化现象。而此时的挖掘面已超过十米深，几乎完全是自然堆积的"生土"。我沿着这"生土"的坑壁仔细观察，发现在底部一条由挖掘机铲斗划出的印迹上有一条黑色擦痕，这引起我的注意。我用考古锄将擦痕表层扰土刮掉，发现在一小段很薄的细沙层中有一些炭粒，很像火烧形成的，马上想到它可能会包含有某些信息，遂沿着该地层仔细寻找，不但找出一个清晰的地层层面，而且在该层面上找到了一些碎骨化石。从特征上看，这些碎骨不像自然风化形成的碎块，也不像野兽所为，与炭粒联系起来自然会想到它可能与人类活动有关。但当我沿着坑壁继续寻找，却没有新的收获时，曾打算先回去，过几天再来。我往回走了几步，回头望望土坑仍不甘心，长期的考察经验告诉我，在这样的时刻不应该轻易放弃，应努力到最后一刻。于是我又转回来，在坑底寻找。

土坑的底部布满了大大小小的土块，表面并没有古文化遗存的痕迹。我估计了一下坑底的深度，大部分坑底与坑壁上含有碎骨的层面深度大致相同，有的地方似乎还高一点儿。我于是用考古锄在土块间刨了起来，终于在坑底挖到两处含有炭的地层。在含炭地层中不但发现了碎骨，还发现有被火烧过的骨头，有的骨头已被烧成白色，尤其是找到了数片人工打击形成的燧石片，可以初步断定这是古人类的遗迹。为了不破坏现场，我没再作过多的挖掘。我当时估计这可能是全新世（1.2 万年以来）初期，即一万余年前的遗迹。晚上在笔记中写道：这"在北京地区可能是第一次在平原区找到如此早的人类遗迹"。

对于这次发现我感到意义重大，第二天上午就将发现报告拿给城市与环境学系的崔海亭教授，请他看了石片，他证实其为燧石片，系人工打击而成。

12 月 16 日星期一，上午将近 9 点钟，我给北京市文物研究所打了电话，报告在东方广场工地发现古人类遗迹，并报告了在东方广场发现的几口元代水井。9 点多钟来到系里，见到正在研究北京古环境与人类活动关系的徐海鹏教授，徐教授看过样品后认为那是人类活动遗迹，当即决定 12 点出发去东方广场工地。随后，我再一次给市文研所打电话，直接向副所长王武钰报告，并约定下午 2 点在东方广场见面。11 点多钟，在听完第四纪理论问题的课之后，我向讲课的夏正楷教授报告了这一发现，夏教授对泥河湾古环境与古人类活动关系问题很有研究，对于第四纪期间人类与环境的关系问题，有不少发人深思的独到见解。他对这一发现很重视，仔细询问了现场情况。

下午，我和徐教授及研究生张健松一起来到东方广场，当时发现两处含炭层已被破坏，徐海鹏教授仔细查看了坑壁剖面上的地层关系，认为含有遗迹的地层属于全新世之前即晚更新世晚期的地层，从而从地层关系上限定了遗迹的大致年代。当时，在该层中又挖出了一些碎骨。通过分析，她认为，该层面虽经过流水的侵蚀，但这些遗物不可能是洪水冲来的，人类遗迹就在附近。我们在看法上是一致的。这一天我的收获也很大，不但从徐教授那里学到了一些地层方面的知识，也进一步估计了遗迹的年代，因为在不远处的北京饭店地下12米深处曾出土古榆树，年代距今约2.6万~2.9万年，其所处地层应在王府井古人类地层的下面，古人类遗迹不会早于这一年代，也不会晚于1.2万年。

下午2点我们在东方广场见到王武钰先生、市文物局副局长及东城区文管所负责人等多人。王武钰先生查看了现场和出土物，认为是古人类遗迹。他对施工单位的人说，像这样的东西你们不懂，没有（向文物部门）报告不怪你们。

在随后的几天里，我先后向侯仁之教授、我的导师于希贤教授、北京考古学会秘书长苏天钧教授等报告了这一发现，得到他们的表扬和鼓励。此外，我也给北大考古系的朋友打去电话，请其帮忙联系从事这一时期考古的老师，并讲了此次发现的重要性。又向海淀文物管理所王宁先生要来古脊椎所李超荣先生家中的电话号码，准备告诉李先生这一重要信息。

由于第一次发现的文化层被施工破坏，我担心有关部门会对遗迹的勘查拿不定主意，遂打算等待施工的进展再作考察。几天之后恰巧有一位日本朋友来京，约我26日在城里见面，我利用进城的机会再次前往东方广场工地。我的许多考察都是利用外出办事的机会顺路去作的，它可以节省许多时间，这次也不例外。

26日下午，当我到达工地时，远远地看见一辆挖掘机正在施工，又有几百平方米的土被挖开。我在刚刚挖开的土坑底部，再一次找到了燧石、骨头和炭屑，包括火烧过的骨头。为不破坏遗迹，我没有多作发掘。正在这时，东城区文管所负责人走了过来，请我去看一看他们正在挖掘的一口水井。当我转身去看水井的工夫，施工中的落土就将刚发现的遗迹点埋没了。看完水井，我告诉该负责人那边发现了古人类遗迹很重要，然后又回来继续我的寻找。看看刚刚找到的遗迹上已堆积了二尺厚的落土，考古锄是无能为力了，就转向周围寻找。在一处由推土机推过的地方，薄薄的土层下面，发现了一个类似火烧形成的炭坑。炭坑表面被一层薄沙覆盖，坑的周围有一层薄薄的烧结面，我小心翼翼地将部分覆土清开，再清那层薄沙，发现炭坑表层的烧结面并不平整，边上还有圆形的小坑，如将沙子全部清除，烧结面将被破坏。于是我停了下来，照了张相片，打算第二天带上刷子再来一趟，把炭坑表面认真清理一下。此时正是冬至刚过的时节，暮色降临得特别早，当我在昏暗中离开工地时，远处王府井的霓虹灯已闪烁出美丽的光彩。由于新的发现，我更加坚信这是一处古人类曾经生活过的重要遗迹。因遗迹可能进一步遭受施工的破坏，感到情况紧急，绝不能让这样一个重要遗迹被轻易毁掉，于是开始了又一轮呼吁。当晚回到家，即给考古系副教授秦大树打电话，请他帮助联系考古系的老师，秦大树向我介绍了考古系的黄蕴平老师。

12 月 27 日上午 9 点钟，我先来到城环系找历史地理研究中心主任唐晓峰教授，但没有找到，见到徐海鹏教授，向她报告了新的发现。然后，又给苏天钧先生打电话，报告新的发现，并谈到应尽快发掘的问题，苏先生非常重视，表示要在下星期二去文物局开会时和文物局的同事谈此事。放下电话，匆匆赶到考古系去找黄老师，可惜黄老师不在，但从朱晓东老师那里了解到市文研所副研究员郁金成先生可能在所里，遂立即打通郁金成先生的电话。我和老郁已是老相识，十几年前第一次参加考古，就是在他领导下挖一处汉代墓群。此时我向他报告了新的发现，约他去工地。

因堵车中午才到达工地，不巧在工地门口赶上双岗，无论我如何解释，两位门卫就是不让我进去。隔着围墙向里望望未见有人，我想老郁离得近可能已经来过。没有办法，只能是扫兴而归，心里仍然担心着遗迹。事后才知道，因燧石碎片的发现点已被施工时的落土埋没，老郁等未能见到含有燧石碎片的地层，一时无法作出判断，他们准备星期一再作研究。

12月28日又是一个星期六，还是在复习外语，但古人类遗迹的命运使我无法专心。如何才能尽快引起文物考古部门的重视呢，我又想到了科学院古脊椎所副研究员李超荣先生。我与李超荣先生是两年多以前随文物部门的朋友一起在西山寻找史前遗迹时认识的，以后曾请他找人帮助辨认动物化石。近几年他和市文物研究所的郁金成先生合作，在北京沿山地区寻找旧石器遗迹。10点多钟，我给他打去电话，告诉他在东方广场发现古人类遗迹，并说明东方广场的地理位置。李先生问我什么时候能去，我马上说现在就可以去。我把考古锄和一把长毛刷子放进背包就赶往古脊椎所。

40分钟后，我们在古脊椎所门前见了面，他已与郁金成先生通过电话。我给他看了采集的样品，建议他再给老郁打个电话，他说不用了。他从我的样品中拿了一块石片和一块骨头，说要给工地的人看看。那件小石片近似圆形，四周有二次加工的痕迹，可以算得上是石器了。11点多钟，我们乘111路电车赶往工地。因事先得到老郁的许可，我们在工地以文物部门的名义和工程指挥部取得联系，得到负责人温天源工程师的积极协助。我们一起来到遗迹发现现场，我介绍了26日发现的灰坑和其他遗迹的出土地点，又向温工询问了施工面的深度，温工计算了一下，大约在地下11米至12米之间。这比我最初的估计要深，我遂向李先生谈起了北京饭店地下12米的古榆树。应李先生的要求，我带着他沿整个坑底查看一圈。

东方广场的工地很大，东西长近 500 米，南北宽有 200 米，遗迹恰在它的中部。我们沿着坑壁向西走出约 200 米，在靠近王府井的一侧，有一口文研所刚发掘过的元代水井。我来到井旁观察井底构造，并在挖出的土中拣一些瓷片做资料，李先生一个人先回到灰坑旁，并在此照相、绘图。

在老李画图的时候，我转去清除那处被施工落土埋掉的遗迹发现点，正在这时远处走过一群收工的民工，我立刻追了过去，向他们借来锹、镐。我挖掉积土，找到 26 日发现的含有燧石碎片的文化层，和李先生一起作了一个小面积的发掘。当再次挖出燧石片和烧骨时，李先生相信了古人类遗迹的存在，他估计遗迹为晚更新世晚期，距今一万多年，并和他发掘过的北京郊区的一处一万年前的石器地点作了比较。他表示回去后将和郁金成先生研究发掘之事。这一天在遗迹上发现的石核、石片和骨化石等都由李先生带回。在准备回去之前我向他建议，考古时应先搞清灰坑和燧石发现点之间的地层关系，因为当时在两者之间横亘着一个土堆，直观上看灰坑似乎要高些。

晚上回到家，仍在思考着古人类遗迹，因为每一次新的发现都是一次学习。我设想着古人类可能会如何活动，如考古发掘应注意什么现象，那个灰坑如果是用火的痕迹，使用上是否有方向性，与季节和风向是否有关，是否多次经过水的浸扰，等等。又比较了有关北京饭店古榆树的资料和北京饭店附近一处工地的地层资料，感到遗迹的地层年代比以前估计的要早，下限可能到两万多年以前，上限在一万多年以前，应与山顶洞人同时代。

12 月 30 日上午，我向夏正楷教授再次报告了新的发现，夏教授表示要尽快去东方广场看看地层。

　　12 月 31 日上午，经考古系秦大树先生事先联系，我终于见到考古系的黄蕴平老师，她看到我带来的样品后非常兴奋，并讲述了这一发现可能具有的重大意义。虽然刚下过小雪，她还是决定立即前往东方广场工地，并开了介绍信。当我们"打的"赶到工地时，却被拒之门外。工地负责人说，他已和文物部门达成口头协议，"未经他们允许，任何人不许进入。"遗迹得到保护，发掘在即，这确实是件好事，但老远赶来未能看上遗迹一眼也不免有几分遗憾。

　　王府井古人类遗迹的发掘工作终于在 1 月 2 日正式开始，这一遗迹的发现在学术上和现实中都是很有意义的。从学术上看，它的发现开拓了人们对古人类研究的视野。以往的古人类遗址和地点大多发现于山区或山前的阶地、台地上，虽然也位于平川，但毕竟距山不远，在许多人的印象中，古人类似乎总离不开山，只是到了较晚的时候才来到平原上生活。这样的认识会影响我们对古人类生活、进化的全面研究，许多问题难以得到解答。此次在距山较远的平原地区发现古人类的生活遗迹，使我们对两万多年前的人类活动有了新的认识。至少在旧石器时代晚期，在辽阔的平原地带有一个我们仍不十分清楚的人类活动和交往的形式。例如，他们是风餐露宿还是有了遮蔽风雨的办法；他们如何躲避洪水，如何保存火种；平原上的生活可能是不固定的，他们是进行季节性的迁徙，还是不定期的迁徙，在迁徙中是否懂得使用牲畜；他们与其他人群的关系又是如何；等等。有许许多多的问题需要我们加以探索和研究。

　　我于是设想，如果工程的工期不是很紧，能有一个较充裕的时间来发掘，我们不妨等到春暖花开的时候，请来各方面的专家，包括人类学家、考古学家、地理学家、生物学家、地质学家、气象学家甚至经济学家等，在遗迹旁开个篝火晚会，探讨一下我们究竟想在考古中发现哪些信息，以及如何去发现它。这样的讨论将会大大提高考古的质量，有可能发现一些过去未曾注意的问题，帮助我们解决某些尚未搞清的疑问。

王府井古人类遗迹也有重要的现实意义，正如侯仁之先生等指出的，北京从几十万年前的北京猿人起，历经十几万年前的新洞人、两万年前的山顶洞人、近万年前的东胡林人和大量的新石器时代的人类活动，直到今天的北京城，处在一脉相承的发展之中，此次又在市中心发现了古人类遗迹，这在世界上也是唯一的。这不仅体现了民族文化发展的源远流长，也体现了首都北京的文化内涵，利用这一财富进行精神文明建设是十分有意义的。

王府井古人类遗迹已受到各方重视，在市文物部门的统一领导下，北京市文研所、科学院古脊椎所、地质所、植物所和北京大学等单位正开展对这一古人类遗迹的综合研究，它反映了我国对保护文物古迹及其科学研究的重视。如果能在这里建一个博物馆，不但能使这处遗迹得到妥善保护，还能让它在北京的文化建设和精神文明建设中发挥作用，这也是我们翘首以盼的。

站在"瓜饭楼"前远眺

——红学家冯其庸的精神世界

俞乃蕴

近一两年来，有关中国人民大学国学院首任院长、著名红学家冯其庸教授的报道经常见诸报端，如《人民日报》2010 年 10 月 18 日版："冯其庸：诲人一甲子，半生寄国学"；《光明日报》2012 年 1 月 9 日版："冯其庸《瓜饭楼丛稿》出版"，"35 卷 1700 万字，聚集大师一生学术精华"；《人民日报》2012 年 2 月 23 日版："冯其庸：寻源问道终不悔"；《光明日报》2012 年 4 月 2 日版，摘编了冯老所作的《瓜饭楼丛稿·总序》，编者加题《生平可许是知音》。另据中国人民大学校刊披露，为庆祝中国人民大学国学院成立 5 周年，人大举行了"国学前沿问题研究暨冯其庸先生从教 60 周年国际学术研讨会"。时任中共中央政治局常委、中央书记处书记、国家副主席的习近平特致函冯老，高度评价了他从教 60 年来在多个学术领域取得的重要成就，尤其是在红学研究方面的突出成就。信中说："冯其庸先生以 89 岁的高龄，仍带领中国人民大学国学院，为国学新时期的发展，为促进中国传统文化的研究发挥着重要作用，其治学报国的精神令人钦佩。"

看着上述这些文字，我与冯老交往的一幕幕浮现眼前，对冯老治学严谨、求实的精神也有了更深刻的领会。

一本讲义　一片深情

冯老是我在中国人民大学新闻系读书时的老师，当时教我们中国古典文学。在他的《瓜饭楼丛稿》出版前夕，他曾打电话给我，说他正在着手整理出版文集，想以过去给我们上课的讲义为基础，整理出版《中国文学史稿》，他的原稿在"文革"中被毁了，问我可有当年的讲义。我回答说，讲义还有，可能不太全了，这 50 多年，我从北京到合肥，又从合肥下放到灵璧、宿县农村劳动，最后又重返合肥，前后搬了八九次家，有所丢失，我把讲义整理好了马上就给您寄出。冯老连连说好，并让我电告湖北省委宣传部的周维敷同志，请他也找一找，把讲义寄去。随后，我们把讲义寄给了冯老。不久，冯老来电话欣喜地告诉我："你们两个寄来的讲义，一张也不缺。过去的讲义是钢板刻的，油印的也不太清楚，这两份一对照，我看起来就方便多了！"

为了表示对我们的感谢，冯老在《中国文学史稿·自序》中还写了这么一段：

今年上半年，我忽然想到以前听课的同学是否还有这部稿子，他们都是司局级干部。于是我打了一个电话给安徽省政协的原副秘书长俞乃蕴同志。一问到这部稿子，他说：我把老师的讲稿都像宝贝一样保存着呢，我几次搬家，是否有缺失，要看了再说。我又托他打了一个电话给湖北省委宣传部的周维敷同志，结果周维敷很快来电话说，他把这部稿子合装成两大册，一页也没丢，像文物一样保护着呢！他说立即就寄来。结果没有几天，两部稿子都寄来了。俞乃蕴同志的也是一页也没有丢，我真是喜出望外，真是感激他们！（《冯其庸文集·中国文学史稿》上册）

艰辛治学之路

就在龙年新春之际，我收到冯老从北京寄来的刚刚出版的《瓜饭楼丛稿》文集，共有三大纸箱，约 40 公斤重，林林总总，书香四溢，满室生辉，我十分高兴。

通过翻阅《瓜饭楼丛稿总目》和《冯其庸学术简谱》，冯老几十年来的治学艰辛之路在我脑海中慢慢成形。

冯老的治学领域相当宽广，诸如中国古典文学史、文化史、西域学、戏曲史、艺术史，他都造诣颇深。特别值得称道的是，他倾注了毕生精力致力于《红楼梦》的研究。他敲开了每一扇学术大门之后，从未浅尝辄止，而是以鲜明的时代特色，深邃的哲学思考，深入的学术研究，创造出一项又一项科研领域的丰硕成果。正如原国务委员、国务院秘书长马凯所指出："文史哲地，诗书画曲，领域之广泛，内容之浩瀚，研究之深入，给人以心灵的震撼。"

冯老在学术道路上艰辛跋涉的精神的确令人景仰，现在就算几十年过去了，当时他挑灯夜读的情景我依然印象深刻。那时我们同住在北京铁狮子胡同 1 号，彼此的宿舍相距不远，有时我看晚场电影归来，远远望去，冯老的书房还是灯火通明，这真是"衣带渐宽终不悔，为伊消得人憔悴"。这回，我立在"瓜饭楼"前远眺，看得更加真切了，不仅看到窗前的灯火璀璨，也看到了一个艰辛跋涉者的点点足迹：

1978 年 2 月 13 日夜 1 时半，写毕《〈大金喇嘛法师宝记碑〉题名考》初稿，18 日作了修改。

1988 年 4 月 25 日夜 1 时，写毕《〈浮生六记〉德译本序》。

1988 年 7 月 18 日夜 3 时，酷暑中写毕《振衣千仞岗濯足万里流——〈傅抱石先生画册〉序》。

1999 年，冯老已 76 岁高龄，3 月 12 日重校完《红楼梦》第 19 回，夜不寐，于枕上填《霜天晓角》："青山似碧，银瀑飞冰屑。独倚危楼凝望，栏杆外，风正急。肝胆皆冰雪，飘零知己绝。醉拍腰间长剑，几声咽，几声裂。"词后附语："予数经当涂采石矶，寻太白捉月处，欲览谢家青山，渺不可得。噫！太白去矣，少陵云杳，东坡、稼轩、放翁、于湖、白石皆不可见，问天下明月，尚知其影否？明月无言，予为之掷笔三叹！己卯春夜，三时不寐，时距脂砚斋评石头记已二百四十年矣。夜四时题。"

倾毕生精力于红学研究

冯老以研究《红楼梦》著名于世，并取得了丰硕的成果。他的红学研究，首先是从考察曹雪芹家世入手，然后作了早期主要抄本己卯、庚辰、甲戌等本的研究，再进入《红楼梦》思想、人物、艺术等诸多方面的考证，逐步扩展开来。

十年浩劫中，冯老收藏的影印抄本的庚辰本《石头记》和其他不少藏书都被抄家抄走了，造反派还把《红楼梦》作为黄色书籍在校内展出。据冯老称，那时没有复印机，也无法拍照，他生怕此风一起，《红楼梦》就要被毁，因此，决心偷偷重抄庚辰本《石头记》，并且依照原书的款式，连原书上的错、简、漏、空都照原样抄写，脂批则用朱笔，并尽量依据原笔迹字体摹写。自 1967 年 12 月 3 日起，他每天在夜深人静后开始抄写，每天抄到后半夜，到 1968 年 6 月 12 日，终于抄完，陆续抄了半年之久。那时他白天必须到系里接受批判或劳动，只有晚上在大家入睡以后方能动笔，如被造反派发现，又会罪上加罪。所以当时没有人知道他在抄《红楼梦》，否则肯定抄不成了。

我看到过《瓜饭楼抄庚辰本石头记》的照片，线装二函，十分精致。他用的笔墨十分讲究，用的是曹素功"千秋光"的旧墨，吴兴善琏湖纯紫毫笔，从行款到字行，完全保持庚辰本原样。1998 年春夏之交，冯老在北京中国美术馆举行书画展，那本手抄庚辰本《石头记》也作为书法艺术作品之一陈列在美术馆里，引起了书画界、学术界人士的极大兴趣。我也真是无缘啊，当时我与老妻赴北京探亲，住在百万庄，经常路过美术馆，就是没有留意到大海报，与画展失之交臂，等我返回合肥后，才看到冯老寄来的有关请柬，这叫我追悔莫及！冯老说得十分真切："我确实太崇敬曹雪芹，太热爱他的《红楼梦》了！特别是在'文革'中的遭遇，帮助了我对曹雪芹的理解和同情。"

1975 年 12 月，中国历史博物馆发现了乾隆时期的《红楼梦》抄本，这个本子仅残存三个整回和两个半回。著名学者吴恩裕认为，这可能是北京图书馆所藏的"己卯本"的散佚，但又无法确证，因此就到瓜饭楼找冯老商量。为此，冯老与吴恩裕同往北京图书馆善本室核查"己卯本"。在查阅中冯老发现，北图藏"己卯本""晓"字有缺笔，"祥"字也有缺笔，这是为了避老怡亲王允祥的"祥"字和其子弘晓的"晓"字之讳。由此他认定，"己卯本"为怡亲王府的原抄本。冯老还找到了北图藏《怡亲王府藏书书目》原件，上面也同样避"祥"字和"晓"字之讳，这就确认了"己卯本"确实是怡亲王府抄本。而这部《怡府书目》上，还有鲜红的"怡亲王宝""讷斋珍藏"等印章，更是不可撼动的确证，这确证轰动了国内外红学界。

关于曹雪芹的身世，也是冯老红学研究的主要着力点之一。为考察曹雪芹的家世，他五赴辽阳，察看曹氏家族墓碑，查阅当地的地方志、家谱史料，又多次到距京200多里外的张坊镇沈家庵村实地考察。每有一重要线索，他肯定要第一时间赶过去。

1978年2月，北京一居民家中发现了两只精致的书箱，上面有曹雪芹的文字，冯老与王世襄、吴恩裕等遂亲往实地考察。后经发现，那箱子上面刻的兰花、题字以及墨书的悼亡诗，均属乾隆时期的风格。后来冯老考证，此书箱确为曹雪芹的遗物。后来他写成了《二百年来一次重大发现——关于曹雪芹的书箱及其他》。冯老还先后发表了《曹雪芹家世新考》《五庆堂重修辽东曹氏宗谱考析》《关于曹雪芹的几个问题》等，把对曹雪芹家世的研究向前推进了一步。他除了研阅《清史稿》《清史列传》《清太宗实录》《江宁府志·曹玺传》等大量史籍，还实地考察了河北涞水县的五庆堂曹氏祖墓，大大丰富了对曹雪芹家世的了解，也为否定曹雪芹祖籍为丰润之妄说提供了坚实的基础。

西域学研究的领军人物

大家都知道冯老是红学研究领域的专家，殊不知他还是我国西域学研究的领军人物。

为了获得最新研究成果，他不顾耄耋之年，先后十次远赴新疆，主要是为了调查玄奘取经之路和自印度回国的路线，解决这一悬而未决的问题。为了寻根究底，他三上帕米尔高原，两次穿越塔克拉玛干大沙漠，一次深入塔里木盆地深处，直到塔里木河。他积数年之时光，先后累计绕塔里木盆地整整走了一圈。他还在莎车附近找到了当年成吉思汗屠城的遗址，此地一片荒凉，随处可见骷髅，迄今无人居住。

2005年8月15日，他与中央电视台摄制组记者、喀什市政府同志一道，再次登上了海拔4700米的明铁盖达坂，立下了"玄奘取经东归古道"的巨型石碑，并举行了揭幕仪式。后来，冯老写了《明铁盖山口玄奘东归入境处立碑，诗以纪实》的诗："万古昆仑鸟不还，孤僧策杖拨云烟。一千三百年前事，凭仗丰碑证前缘。"这一研究成果被列为当年全国十大考古新成就之一。经过不懈努力，冯老最终确认了玄奘东归的最后路线：经尼雅（唐时叫尼壤）、罗布泊（唐代叫纳博坡）、楼兰，然后由营盘古道进入玉门关到达敦煌（时称沙州）。玄奘是从帕米尔的明铁盖山口入境的，这是一片无人区，虽过去了 1300 多年，地貌、地名基本未变，与《大唐西域记》的记载对证，终于确证了玄奘东归到长安的最后路段，破解了一个重要的历史悬案。

其实，这样的例子还有很多。把研究史籍和实地考察结合起来，一直是冯其庸治学的重要特点。为了考证项羽的死地是安徽定远县的东城而非和县乌江，他两次从垓下一直调查到阴陵、东城、乌江，然后确证项羽死于东城，也证实了司马迁所说项羽"身死于东城"的结论是可信的。为了更好地进入王维"诗中有画，画中有诗"的境界，他到辋川叩问王维当年的遗迹。他十分敬仰诗人杜甫，专程去了河南巩县的杜甫出生地查看，看到了笔架山杜甫故居的窑洞。他循着杜甫的行踪，从长安（今西安）一直寻到成都的杜甫草堂，后来又两次到夔州瞿塘峡，调查了杜甫在夔州的多处遗址。他还多次到秦川（今天水）调查杜甫的遗迹，找到了当年赞上人寺庙的遗址。《同谷七歌》是杜甫集中高歌哀唱的杰作，为此他专程到同谷（今甘肃成县）找到了杜甫的住处。前几年，他还到陕北的鄜州找到了杜甫住过的羌村遗址，并研读了《杜工部诗集》的多种刻本，读其文，寻其迹。这样，他对古代圣贤的认识、理解，又升华到了一个新的境界。

重学问更重人品

冯其庸不仅重视学问文章，更重视人品，具有高尚的人格和宽广的襟怀。

1983 年秋，冯其庸应赖少其（著名书画家，时任安徽省政协副主席）的邀请，来合肥讲学。我们重逢了，这是我们从中国人民大学新闻系毕业后首次相见。聊天时，冯老谈到 1980 年 9 月赴美参加的一次国际红学讨论会。在会上，冯老发现一位海外学者引述的资料有误，当天晚上，他便携带着有关卡片资料去看望这位老学者。交谈中，他首先讲到自己作为国内学者主动交流不够，又受到"文革"的影响，有些学术情况不大为海外学者知晓的现状。接着，他又根据所占有的资料，指出对方在会上的学术发言存在一些明显的差错。那位老学者相当感谢，从此两人结为好友。我听了这个故事，笑着对冯老说："您以最大的公约数，团结一切可以团结的各界人士，可以当'统战部长'了。"

冯老涉猎的领域之宽广，也实为我们惊叹。他不仅在学术研究领域登峰造极，在书法、绘画、摄影、考古、金石、园林艺术、京剧艺术、紫砂工艺等方面，也都有很深的造诣，尤其是国画方面。这让我想起了一段往事。

20 世纪 90 年代初，我趁赴京参加全国政协会议的机会，去"铁 1号"拜访了冯老。冯老问我："刘海粟先生可来了？"我说："来了，我在电视上看到他了，住在哪里不知道，我回来打听一下就告诉你。"冯老说："我写封信给海老，你先联系一下。"这时，冯老就开始写信了，我就顺便浏览书房里那琳琅满目的图书。"八行书"写好了，我也没看，就朝上衣口袋里一放。回到宾馆一看，真的傻眼了，信的大意是：海粟大师钧鉴，欣闻命驾京华，今特请乃蕴兄专程拜谒，云云。我诚惶诚恐，深感不安。

第二天，我在京西宾馆拜谒了海粟大师。那是一个套间，外边已坐了几个人等候海老的会见，老夫人夏伊乔陪他们聊天。我一进去就呈上冯老的"八行书"，老夫人引我进了里间。那时的刘海粟已逾九旬，但耳聪目明，气色很好，正在伏案看什么材料。他一边看信，一边问我："冯先生和您是——"我说："冯老是我的老师，他教我中国古典文学，从先秦到明清，前后四个年头，我们师生很熟悉。""啊，您是人大中文系的？"刘海老问我。我说："在50年代，人民大学还没有中文系，我是新闻系的，冯先生是新闻系中国古典文学的老师。""啊，那您是冯先生的高足了。""不敢当，冯是名师，我非高徒。"刘海粟听罢笑了。

刘海粟盛赞冯其庸道："冯先生是大学问家、书法家、诗人、画家、红学家，文章好、字好、画好，人品更好。"他说："本来，我约他合作一幅画的，看来这次不行了。明天我就要回南京了，飞机票也买好了。请你跟冯先生说，很抱歉，下次再找机会合作吧。"1993年11月4日，刘海粟、冯其庸在香港刘寓"海棠阁"合作了一幅泼墨古松，此系后话了。

从京西宾馆回来的路上，我在想，海老赞扬冯老是文章好、字好、画好，人品更好，真是知人论事，恺切精到！而我们从他的作品中，也可以感受到这种力量吧。

王珏：经济学大家的不凡人生

程冠军

    少年时期，他饱尝了日本侵略者的欺凌，心中埋下了革命的火种；青年时期，他在学校里创办了"青年同盟会"，开展抗日救亡运动，并受到了经济学启蒙；中华人民共和国成立后，他穷其毕生精力，精研《资本论》，成为当代著名的经济学家。

    今年83岁的王珏现仍担任着中共中央党校博士生导师、经济学特级教授、中共中央党校学术委员会委员、中国市场经济研究会会长等职。提起王珏这个名字，人们会很自然地把他与经济学联系在一起，大家所熟知的是王珏的经济学理论和观点，但很少有人知道，这位著名的经济学家有着一段不凡的人生经历。

少年王珏

    1926年5月4日，地处辽海之滨的辽宁省辽中县的一个小村庄里，一个叫周魁升的农民家里又添了一个男婴。对于靠租种地主土地为生的周家来说，真是喜忧参半：喜的是周家又添新丁；忧的是周魁升已有两男、两女四个孩子，第五个孩子的到来，给本来就十分紧张的生活又增加了负担。但朴实厚道的周魁升做梦也不会想到，他的这个儿子，日后竟然会成为影响中国经济改革进程的人——他就是今天的王珏教授。

周魁升给自己最小的儿子取了一个有分量的名字——周绍臣。

童年时代的周绍臣记忆最深的事情，一是下田帮父亲和哥嫂干农活；二是一到下雨天，家里的房屋就漏雨，他便拿着脸盆帮父亲和哥嫂接雨。

周魁升虽然识字不多，但他深知读书对于改变命运的用处，于是，他便把家族的全部希望都寄托在了小儿子身上，省吃俭用把周绍臣送进私塾读书。

看到父亲让大哥去二姐家里的杂货店做店员，让二哥和两个嫂子种地，却让自己去上学，小绍臣十分理解父亲的一片苦心。在私塾里，他学习十分用功，三年之后，便考取了辽中县国民高等学校。当时的辽中县被日军侵占，因而学校也是伪满洲国开办的。学校对中国学生实行奴化教育，每天早晨早操前，学生都要集体学念日本天皇昭书。学校里有三个日本教员，其中一个教体育的教员是日本退伍兵，对待学生十分凶恶，经常肆意打罚同学，动不动用日本战刀的刀背砍学生的肩部。有一次在体育课上，这个日本人又用战刀背砍学生，周绍臣便带头发动同学一起跑开解散。最后学校追究下来，周绍臣被定了一个"反满抗日"的罪名，罚他在日本天皇的昭书前罚站，从早晨上课，直到晚上放学，整整站了八个小时。当时，这个处罚还算是最轻的，多亏了一个中国翻译张老师给讲情，否则就要被抓到日本去做劳工了。

这件事情在少年周绍臣的心中埋下了屈辱、悲愤和仇恨的种子。

从学生干部到武工队长

1945 年 7 月，周绍臣考取了设在长春的伪满洲国建国大学。入学不几日，他就与学校里的进步学生打成一片。这时，学校里虽然还没有地下党组织，但已经与党组织取得了联系。8 月 15 日，日本宣布无条件投降。对日本人充满刻骨仇恨的周绍臣，此时的心情无比激动，他很快便联络了六名同学以"拜把子"的形式组建了一个叫"青年同盟会"的组织，周绍臣被推举为副会长，"青年同盟会"很快就发展到 100 多人。周绍臣和会长裴恩凯带领这支队伍接管了日本人的一个名为"兴农合作社"的单位，并与已进驻的苏联红军取得联系，利用日本人留下的油印机自己刻蜡版，办了一份名为《早辉》的小报。每天一大早，周绍臣就与同学们一起把宣传共产党、八路军抗日救国精神和苏联红军内容的小报发到商户和市民的手里。

8 月底，苏联红军撤走，八路军来了。周绍臣等人被收进了八路军（东北民主联军）。为了安全起见，周绍臣为自己改了一个全新的名字——王珏。谈起王珏这个名字的由来，王珏教授说，当时一是为了安全，二是比较容易记，三是王珏这个名字也十分有意义。

参加东北民主联军后，王珏先是留在辽中帮助组建了县委军政干部学习班。由于工作出色，一个月后他被任命为农村工作团团长，并被发展为预备党员。半个月后，又被任命为小北河区（五区）工委书记（区委书记）。这时，东北地区被国民党收编的土匪开始对东北民主联军进行疯狂反扑。这期间，王珏的入党介绍人——六区书记杨彬被土匪包围后杀害，敌人残忍地用铡刀铡下杨彬的头颅，挂在街头示众。斗争越来越残酷，但王珏并没有退缩，而是提高了警惕。一天傍晚，群众举报发现了一个可疑的人，很像土匪。王珏摸清情况后先不声张，然后集合武工队员在凌晨4点直扑土匪住处。王珏等人把门一脚踹开，土匪还在睡梦中就被抓获了。经审问，此人正是前来刺探情报的，正准备天亮回去引敌人来抓王珏。王珏当即就把这个土匪枪毙了。

形势越来越严峻，时过不久，国民党的新六军又开始对辽中的东北民主联军进行清剿。新六军都是美式装备，武工队无法与其正面交锋，只好打游击。这时王珏运用党的统一战线政策，争取了当地一个姓张的土匪头子，这个土匪头子在王珏的教育下，暗地里为八路军提供了很多方便。王珏带领部队撤退时，这个姓张的土匪头子送给王珏一匹走马（一种很稳的战马）、一支盒子枪、一双靴子。王珏带部队撤至辽阳的盖县山区，继续打游击，一直打到1946年5月。这期间，王珏有两次与死神擦肩而过：第一次是他带领三四个人下山买粮，正在农民家里吃饭，忽然一发炮弹就打在他的面前。原来是远处的国民党的部队，漫无目标地用日本的"60炮"打了一发炮弹；第二次是打海城战役，海城是县大队所在地，国民党正规部队进攻海城，王珏率领武工队和其他大队与国民党军打了一场阵地战。由于装备悬殊，战斗打得异常艰苦惨烈。王珏带领战士们浴血奋战，最后终于将敌人击退。战斗结束后，王珏的队伍只剩下12个人。

与经济学结缘

1946年5月，王珏被分配到辽宁省邻江县任第九区区长，两年后，任县委宣传部长。

在任宣传部长期间，王珏对经济学产生了浓厚的兴趣。当时，解放区掀起了土改运动，王珏负责邻江县九区的土改工作。由于比较成功，成为全县的典型，被选送到全县土改座谈会上介绍经验。在座谈会上，王珏第一次见到陈云同志。王珏回忆说，那天，陈云同志穿着一身灰色的军装，很瘦，但很精神。王珏介绍完经验后，陈云同志很和气地问了他土改的一些情况。

王珏所在的九区的土改为什么会取得如此成功呢？原来，早在"青年同盟会"时期，王珏就受到了经济学启蒙。当时的"青年同盟会"的会长裴恩凯是日本建国大学的学生，与地下党有着密切的联系。裴送了他两本书，一本是《共产党宣言》，另一本是《雇佣劳动与资本》，读了这两本书后，王珏很受启发。从那时起，他就树立了一个信念：一定要站在穷人的一边，为无产阶级的解放而战斗，为劳苦大众的幸福而耕耘。

土改一开始，王珏就深入农民家中调查研究，倾听农民的真实意见，并给农民讲清党的土改政策，然后再综合分析，最后再实施土改。结果是农民高兴、群众满意、领导赞扬，因此被推选为典型。

王珏早就知道陈云并十分钦佩他，这次见面更坚定了王珏学习经济学理论的决心。当时，上级发放的学习教材《干部必读》是由马克思著作中选出的，共有 12 本。当了两年宣传部长，王珏把这 12 本书读了个透，因此对马克思主义有了比较深刻的认识和理解。那时，东北最早发行了《资本论》，由于没有辅导，王珏只读懂了第一卷，第二、三卷有很多地方读不懂。

转眼间到了 1950 年 6 月，组织上推荐王珏到中央马列主义学院（中共中央党校的前身）学习。在中央马列主义学院，王珏选学了他喜爱的经济学。恰好《资本论》的翻译者郭大力正在马列学院任教，是马列学院的经济学主任。在这里见到郭大力，王珏异常兴奋，因为他此前读过《资本论》，第二卷和第三卷都没有读懂，现在能跟随郭大力学习，他感到机会难得，同时也兴趣倍增。

郭大力的讲解十分易懂，王珏一边听课，一边认真学习研读，终于将《资本论》的难题全部解决，读懂了第二卷和第三卷。

1954 年 7 月，王珏学成毕业，被留校任教。从此，他便开始了他的经济学研究与探索之路……

《重读资本论》

从 1954 年留校任教开始，直到 1964 年，王珏用了十年精力，每天精心研读《资本论》，写出了 90 万字的《资本论》解读本——《重读资本论》，成为国内乃至世界著名的《资本论》研究大家。

1954 年 7 月，王珏毕业后留校成为经济学教研室的一名成员。当时，苏联著名的《资本论》专家左托夫正在中央马列主义学院主讲《资本论》。王珏为左托夫当助教，另外一名叫吴振坤的同志给左托夫当课堂翻译（后来也成为《资本论》研究专家和著名的经济学家）。当时，左托夫主讲，吴振坤作课堂翻译，王珏主要是辅导学员学习，帮助学员解决具体问题。这个工作一直持续了两年。

1956 年，中苏关系恶化。苏联专家撤走，左托夫回国。王珏与吴振坤就开始给学员讲《资本论》了。给学员讲《资本论》本身对自己就是一种很好的学习。王珏边备课边讲解，同时更加深了自己对《资本论》的理解。

1957 年，中央开始搞"反右运动"，1958 年又开始"大跃进""大炼钢铁"，中央党校便停课不再招生。党校的教员都下放到各地挂职锻炼。王珏被下放到上海锅炉厂任党委副书记。到了 1959 年，中央党校恢复招生，王珏又被抽回中央党校重新开讲经济学。这期间，结合讲课和自己学习《资本论》的体会，王珏产生了一个大胆的想法：将自己的讲稿细化整理，写成一部《资本论》的解读本，为学员学习《资本论》提供方便。很快，他就将这个想法付诸行动，用了整整一年的时间，终于完成了 90 万字的《重读资本论》三卷本。1963 年至 1964 年，王珏的《重读资本论》一、二、三卷作为党校教材陆续出版。

《重读资本论》出版后，受到了国内外经济学界的广泛关注，同时也深受广大学员的喜爱。该套书籍的出版，为国人学习《资本论》这部深奥的著作提供了一套完整的中国化教材。

几十年来，王珏教授一直没有停止对《资本论》的继续研究。他说：学习理论的目的在于应用，要应用理论解决实际问题。学习和研究《资本论》的目的，不是把它搞清楚就算了，而是应用它的原理研究和解决中国建设和改革开放中的实际问题。生活在 19 世纪的马克思，不可能也不会准确地预见到当今世界乃至中国的具体情况。只有与时俱进地把马克思主义同中国的实践相结合，才能解决中国改革和发展中的问题。

十二年浩劫

一提起"文革"，我们已习惯称之为"十年浩劫"。然而对于王珏来说，他所经历的"文革"却是 12 年。

王珏的"十二年浩劫"主要是祸起他的《重读资本论》。

王珏的《重读资本论》1964 年年初就受到了批判。当时，正在批判原中央党校校长杨献珍的"合二为一"论，王珏是陪绑对象。杨献珍的罪名是用"合二为一"反对毛主席的"一分为二"思想。给王珏罗织的罪名是用《资本论》抵制对毛主席著作的学习，犯了严重错误。最让王珏心痛的是，他刚刚出版的《重读资本论》教材只有少数发到了学员手中，其余大部分都在这次批判中被送到了印刷厂销毁做了纸浆。不久，王珏被下放到京郊农村劳动。

1966 年下半年，"文革"全面爆发。王珏又被从京郊农村"请"回了中央党校，接受"抢救"。谈话的人对他说："你的问题很严重，现在要对你进行抢救，否则，你的问题就由内部矛盾上升为敌我矛盾了。"造反派给他定了三条罪状，一是反对毛泽东思想，二是走白专道路，三是散布修正主义观点。他被关在党校西侧的一座三层小楼内反省，写检讨，交代自己的问题。门口有人看守，出门必须请假。

对于这种横加在自己头上的莫须有的罪名，王珏一直不服气。造反派说他是"一本书主义"，他反驳说："你们错了，《资本论》是三本书，不是一本书。"在一次批判会上，面对造反派对他的批判，王珏气得站起来把笔一摔说："真没想到，马克思与毛主席还有阶级斗争！"当时，王珏的夫人宋志兰（也在经济学教研部工作）也在场，看到王珏摔笔抗争这一幕，她对丈夫十分钦佩。回忆起这一幕，宋志兰说："我一直支持他的观点，我当时也给学员讲《资本论》，我认为老王的观点没有错！"

宋志兰与王珏是在战争时期结为伉俪的，王珏任区委书记时，宋志兰是区委副书记，他们是一见钟情，是地地道道的患难夫妻。谈起自己的夫人，王珏十分庆幸地说，他这一生，之所以不怕批判，一是他个人的秉性使然，二是夫人一直与他同甘苦、共患难，一如既往地支持他的理论观点和事业。

1969 年 8 月，王珏又被下放到河南西华县"五七"干校劳动。

1974 年，中央在中央党校开办了一个工农中委（中央委员）培训班，主要培训工人、农民中的中央委员。王珏被抽回中央党校做辅导员，直至 1977 年 4 月，党校复校。

创新马克思经济理论

在经济学界，有一种"王珏现象"，指的就是王珏的经济学观点和理论，一般要等三至五年后才被认可。这种现象足以证明，王珏是一个前沿的经济学家。自从事经济学研究和教学 50 余年来，王珏一直坚持独立思考的理论品质，以科学、严谨、求真的作风，大胆创新，使马克思经济理论和科学社会主义在中国有了新的发展。

王珏的经济学理论研究有一个三段式结构：一是吃透原著；二是深入调研；三是独立思考。在这三段式结构的基础上，所研究出来的理论成果，因此就具备了三个特点：一是马克思理论的支撑；二是观点超前；三是经得起人民群众的实践检验。

王珏教授的观点之所以前沿，并且最终能被中央接受，还有一个重要因素，就是他力图把马克思主义的基本原理同中国的改革实践结合起来，同邓小平理论结合起来。

王珏教授说，他的经济学理论观点都是以马克思经济理论作为后盾，与中国当前的改革实践相结合，在理论与实践的碰撞中受到启发，然后经过独立思考，在思想上形成一套符合逻辑的观点，再反复思考，自己先想清楚了，才出去讲。先在党校校内讲，再到校外讲，讲完之后看大家的反应怎么样，多数人认同之后，再把它写成文章发表出来，这样一个理论才最后形成了。对于自己的观点，王珏教授自始至终都完全负责，正确的永远坚持，错了也大胆地承认并及时改正。不讲假话、空话，讲真话、实话，不怕站在少数人的队伍里。

1994 年，江泽民同志主持召开中南海的一个座谈会，讨论"十五"计划及改革发展方向的问题。在会上，王珏教授提出了国有企业改革要"抓大放小"的观点。当时，江泽民同志说："王珏同志，你提出的这个意见很重要，但这个观点还需要进一步研究，对这个观点，还有许多不同意见。"1995 年，中央就支持并推行了"抓大放小"。

中共十六大召开之前，理论界有一场"要素价值论"与"劳动价值论"的争论。当时，持"要素价值论"观点的占多数，王珏是持"劳动价值论"观点的少数派。但王珏坚持自己的观点，他认为，马克思一生的两大贡献是"历史唯物主义"和"劳动价值论"，否定了"劳动价值论"就是否定了马克思的经济理论。最后，中央支持和肯定了"劳动价值论"观点。

前一个时期，理论界出现了一股对中国的国有企业改革提出质疑的思潮，对此，王珏坚定不移地坚持改革的观点，并专门发表了题为《坚持现代企业的改革方向不能改变》的理论文章，对否定改革和不要改革的错误观点提出了批评。

作为《世界经济发展宣言》的起草人之一，50年来，王珏在市场经济、生产力经济、乡镇经济、区域经济、股份制经济等方面均有深入研究，已出版和发表的著作约1300万字，代表性著作有《重读资本论》《论现代公有制》《中国的繁荣需要现代企业制度》《经济体制改革规划纲要》《中国特色社会主义丛书》等。

做学问求真务实，敢于说不；做人则生性豁达，淡泊名利。这是王珏教授之所以83岁高龄仍容光焕发、行思敏捷的重要原因。83岁的王珏，如今仍坚持学习和社会调研。

谈起自己的理论观点，王珏说："我的一些理论观点经常受到来自不同方面的批评，但我仍然本着坚持真理、修正错误的信念，不断努力，多出成果，等待实践去检验，这是我的选择。"

王珏教授的这个选择，也正是他不凡人生的最好注解。

古建筑学家罗哲文治学的四个支点

窦忠如

古建筑摄影园里的耕耘者

2012 年 5 月 14 日 23 时 52 分，一位老人在北京逝世，享年 88 岁。他是中国营造学社的最后一名社员，是"万里长城第一人"，是中国设立历史文化名城的倡议者，是中国加入联合国教科文组织世界遗产委员会的倡议者，是"中国文化遗产保护终身成就奖"的获得者，是中国建筑文化研究会以其姓名设立专门奖项者，也是全国政协第六、七、八届的老委员……他，就是中国古建筑学泰斗、国家文物局古建筑专家组组长罗哲文。

1924 年，罗哲文出生在四川宜宾，16 岁考入中国唯一从事文物古建筑研究的学术机构——中国营造学社，师从梁思成、林徽因、刘敦桢等。1946 年，随中国营造学社进入刚成立的清华大学建筑系，担任系主任梁思成的助理。1950 年，调任文化部副部长、文物局局长郑振铎的业务秘书，成为国家文物局最年轻的专家。从此，罗哲文从保护单体文物古建筑到保护历史文化名城，再到保护世界文化与自然遗产，一路前行可谓呕心沥血。如今，罗哲文魂归道山，营造社风流云散，一代大师就此远去矣。为了纪念这位为中国文物古建筑保护与研究事业作出突出贡献的老者，特别围绕其古建筑摄影、书法艺术、古典诗词与考证古书画四个方面的成就组织文章，以为纪念。

能够保持将照相机挂在胸前长达数十年不变的形象，恐怕不能仅仅归结于他对摄影艺术的爱好——罗哲文民国 29 年（1940 年）考入中国营造学社便开始接触照相机，并对摄影艺术产生浓厚兴趣。后来，摄影成为其从事文物古建筑研究工作的一种专业技能。如今，将照相机挂在胸前已成为他留给世人的一个标志性形象。

七十多年来，罗哲文经历了太多的故事，享受了太多的乐趣，也积累和总结了诸多理论与实践经验，从而在不经意间成为中国古建筑摄影领域最勤奋的耕耘者。

学而能思

在古建筑摄影方面，罗哲文可谓学无定者、学而能思。

1956 年，来自捷克斯洛伐克的国际文物摄影家富尔曼兄弟两人来华访问，罗哲文作为陪同人员，抓住这一难得机会，从他们的拍摄过程及交谈中学到了许多关于文物与古建筑拍摄的方法与理论。有一次在拍摄古瓷器时，由于瓷器强烈的反光性，一些摄影师往往想出各种方法来消除器物上的光点，而富尔曼兄弟俩却主张保留光点，认为只有这样才能真实表现出瓷器本身所具有的质感。对此，罗哲文表示认可，却没有生搬硬套，而是分析具体情况后再采取具体办法，"如果有的光点正是重要花纹所在，而又无法移去，稍微涂一点薄糊、肥皂水之类即可"。至于古建筑摄影应该如何保持质感的问题，罗哲文根据多年从事文物古建筑研究的经验，认为构成文物古建筑的材料都有独特的质感，在拍摄时"必须抓住材料质地的特点，如木雕、木质材料，木材的纹理是重要的特点之一，就要突出它"。

除了要拍出古建筑主体构成材料的质感外，其附属的雕塑和壁画等也是拍摄的重要内容。1956 年，罗哲文跟随文物出版社摄影师彭华士，前往山西永济拍摄元代建筑永乐宫时，就从这位最擅长拍摄雕塑和壁画的摄影师那里大获教益。但是，在拍摄实践中善于思考的罗哲文，又不乏自己的独到见解："在拍摄建筑物内部的雕塑、壁画的时候，还应拍摄一些反映雕塑、壁画与建筑物有关系的照片。因为它们在开始创作的时候，就是同建筑物一起设计、布置的。"很显然，罗哲文是从古建筑研究者的专业角度探索摄影的，并没有跟随彭华士的言行亦步亦趋。

1959 年，罗哲文在参与大型画册《中国》的拍摄工作中，既向比他年长的著名摄影家刘旭沧、黄翔、吴寅伯和敖恩洪等学习拍摄静物与风光的实践经验，以及照片冲洗加工等一些特殊技巧（笔者注：罗哲文的暗房放大加工技术就是 20 世纪 50 年代向北京一家普通照相馆的暗房小师傅学习的），更注重学习他们在拍摄时仔细观察和精心琢磨的敬业精神。对于半个世纪前的那次拍摄经历，罗哲文记忆深刻："我和已故的上海老摄影家刘旭沧一起拍摄文物。当一件文物拿出来，他总是首先仔细观察，绕着文物转，从轮廓、细部、花纹、质地、色泽等方面观察许久，然后才请保管同志摆定位置。打灯光、用背景等都考虑得非常仔细。"

重要而可贵的是，罗哲文从老摄影家那里学到的严谨作风和敬业精神，随后又传给了比他更年轻的人。1961 年，国务院发布了《文物保护管理暂行条例》，主要参与制定者罗哲文在指导北京市文物主管部门贯彻这一条例时，为了帮助他们作好文物保护单位的"四有"（笔者注：有保护范围、有标志说明、有记录档案和有专门管理机构）工作，每天奔忙在天安门至卢沟桥间。有一次，为了拍摄卢沟桥全景，罗哲文竟然连午饭也顾不上，终于拍出了迄今最美的一张 11 孔卢沟桥全景照片。对此，当年与罗哲文一起工作的大学生吴梦麟感慨地说："这种忘我的工作精神给我留下了深刻的印象，使我在刚踏上工作岗位之时就得到了一位好的导师。"

巧思笃行

既然罗哲文如此善于学习和总结古建筑摄影经验，现在再讲学习古建筑摄影需要掌握哪些基础知识，似乎是一个多余或倒置的话题。其实不然，古建筑摄影不是一门纯粹的摄影技术，它具有自身的独有特点，即与古建筑本身特点紧密相联。因此，罗哲文在谈到这个问题时，除了阐述摄影器材配备这一摄影行为应该具有的最基本前提条件外，还重点对古建筑本身在摄影中的地位和特点进行分析。

比如，在拍摄中如何体现古建筑的平面布局。罗哲文认为，要想拍出能体现中国古建筑复杂多变平面布局的鸟瞰照片，就要选取一个大的拍摄角度，而这除了利用比较理想但又难得的飞机或热气球外，更多时候需要拍摄者具有攀梁上柱、爬屋登高的胆量和能力。有一次，罗哲文在拍摄中因为攀梁上柱差点摔下来，可他却镇定自若、一笑了之。

比如，在拍摄中如何体现中国古建筑优美的艺术造型。中国古建筑造型非常丰富，有亭、台、楼、阁、殿、堂、廊、轩、榭、塔等多种形式，且各有特点，各有变化，但几乎所有古建筑造型都由三个基本部分组成，即台基、墙壁门窗和屋顶。特别是中国古建筑特有的所谓"大屋顶"，从实用功能上讲，有便于排水和隔热保温等优点，从艺术上讲，"呈反曲的抛物线，伸出很远，有大鹏展翅之势"。因此，罗哲文强调："在拍摄一座大殿的时候，一定要把高大的台基、宽广的门墙和屋顶照下来；拍一座古塔的时候则一定要把握住它划破云天、直冲霄汉的气势；拍摄园林的照片一定要把它的曲径通幽、亭榭凌波、游廊折转、假山静谷、花木相映等特点拍摄出来。"

比如，在拍摄中如何体现中国古建筑独特的结构体系。古建筑摄影不同于风光艺术摄影，它具有为文物作科学记录档案和研究参考的功能，因此反映古建筑在工程技术上的价值，是非常重要的摄影内容之一。对此，罗哲文可谓参悟深透、了如指掌，故在拍摄时能够做到游刃有余。在拍摄中国古建筑结构中最重要的一个特征——斗拱时，罗哲文强调至少要拍摄正面、侧面和仰面三张照片，否则不足以完整记录其复杂又极具装饰性的结构特点。

比如，在拍摄中如何体现中国古建筑丰富的色彩与雕饰艺术。诚如罗哲文所言，中国古建筑是一门综合性艺术，它包含诸如绘画和雕刻等多种艺术内容。因此，在拍摄时不能忽视这些看似附属古建筑主体上的艺术形式及特点，否则也是不完整、不真实的。

比如，在拍摄中如何体现中国古建筑与周围环境密切结合的特点。中国古代匠师在古建筑营建和设计之初，总是预先对周围环境因素加以充分考虑，并巧妙利用其作为烘托主体氛围的一种"借景"。因此，罗哲文举例说："在拍照颐和园的时候，一定要拍一个西山峰峦、玉泉塔影与万寿山、昆明湖相辉映的镜头；拍一张山西浑源悬空寺的照片，如果只拍它的局部殿阁，没有四周的绝壁悬崖，就看不出这组古建筑悬险的特点了。"

比如，在拍摄过程中如何使用曝光表的问题。罗哲文没有依赖测定标准曝光的现代仪器，而是根据具体情况琢磨总结出一套独特经验，并在参加长沙马王堆汉墓考古发掘拍摄实战中得以检验。对此，罗哲文毫不吝啬地贡献出了自己的经验：

　　1973 年在长沙马王堆拍摄三号墓发掘过程的时候，需要拍摄一张椁室全部揭开的俯视照片。由于此照片太重要了，又不可重拍，所以费了很大的事，还搭了 10 多米高的棚架。椁内文物主要是漆器、丝绸，颜色大都深暗，用曝光表测得的曝光为十分之一秒，量了几次都是如此，我心里十分忐忑不安，因为与我感性经验相差甚大，于是我决定不按曝光表曝光，而用经验推断的十六分之一秒拍摄。拍的是 4×5" 柯达反转片，结果按曝光表拍了两张，几乎看不出来，按经验拍的却恰到好处。过后心里还后怕了好几天，万一都按曝光表拍了，就砸了，因为拍完之后立即把各箱文物起出，不能再拍了。至于如何差了 10 倍，我想可能是拍摄主题暗，周围亮，或是周围灯光干扰所致。

求美存真

　　古建筑摄影作为一种艺术表现形式，除讲求真实完整和主题明确外，还应当注意艺术效果。对此，罗哲文认为古建筑摄影艺术性必须建立在适用的基础上，否则这张照片便失去古建筑摄影的主要功能和作用。反之，古建筑摄影除了要达到使用目的外，还应该拍摄得好看些，以满足人们固有的对美的需求。那么，罗哲文在古建筑摄影中是如何作到科学性和艺术性相统一呢？

　　对此，罗哲文总结出了"勤跑、细观察、耐心等待"这三条基本经验。

关于勤跑，罗哲文有几则事例足以说明其重要性："记得我在选择承德普陀宗乘之庙、须弥福寿之庙的拍摄点时，上下狮子沟对面高山好几次，后来找到从离宫里面上宫墙的道路，在墙上又来回走了好几次，还拍失败过几次。从 1953 年开始，凡去承德，我都争取到那里去一下。如果有车上山要快得多，没车时一去就是半天。有时为拍摄一组建筑群中的一座建筑，还得上下周围的楼层或房顶。如山海关的天下第一关城楼，比较全而稍侧的较好拍摄点，是在旁边一座高楼的房顶上找到的。"

关于细观察，罗哲文强调两点：一是了解一座古建筑的朝向问题，以便选择最佳拍摄地点；另一个是观察古建筑本身形态，以便找准最佳拍摄角度。对此，罗哲文曾谈到光线和角度对表现古建筑立体感具有重要影响的一则事例：

我曾经拍摄过一张河南登封嵩岳寺塔的照片，20 多年间，拍了四次，最后一次才算比较满意了。此塔是一个十二角形的近似圆锥体，本身立体感很强，如果光线角度选择得好，拍摄效果就非常优美，反之就很平淡。其关键是能否表现它的立体感的问题。我第一次去是在 50 年代，当时碰上天气不好，第二、第三次去是光线角度不行，照出的照片几乎是平面的，虽然用的是彩色片，但拍摄的效果还是不佳。还有一个原因就是此塔只有一个很小的角度能照到全景，天气虽好，但错过那个时间就不行了。因为我不是专门去拍此塔的，所以不能住下等。如果在那里住上一段时间，等天气、阳光照射的角度合适，就可能一次拍成。最后拍的一张与前几次相比，效果不言而喻。一张平淡无立体感，好像贴上去的一样，分辨不出塔的轮角来，另一张则明暗转换清楚，立体感强，且有中间色调。

这一事例足以"说明拍一张好的古建筑照片是件很不容易的事"。

关于耐心等待，罗哲文在拍摄登封嵩岳寺塔时等待合适阳光就是一例。当然，等待的内容不仅是阳光，还有云彩和恰当的人物等。

由此可见，古建筑摄影是一项极端重要的工作。对此，罗哲文曾开宗明义地指出："古建筑摄影是文物摄影中的一个重要组成部分，它以科学的方法，忠实而又形象地再现出古建筑本身的总体布局、艺术造型、建筑装饰等。古建筑摄影本身也是一门科学和艺术。一张好的古建筑照片，不仅是一份科学记录资料，而且是一件艺术作品。"罗哲文在关于古建筑摄影方面留下的著述文字虽然不多，但是对于伴随中华人民共和国文物古建筑保护和维修事业发端而诞生的古建筑摄影来说，开创、参与、组织和见证了中华人民共和国文物古建筑保护事业全过程的罗哲文，毫无疑问地成为中国古建筑摄影领域极为重要的耕耘者和见证人。

笔墨春秋成追忆

一位文化学者曾这样说：中国的历史和文化艺术博大精深，源远流长，任何人只要步入其中或者偶有涉足，都不会也不能更不忍拔腿离去，因为那种无限隽永的魅力使人永生享受不尽。当罗哲文将书法艺术运用到古建筑学术研究中时，便演绎出了别样的人文情怀。

书法童子功

众所周知，中国的书法艺术千古芬芳、魅惑诱人，特别是当一个书法家懂得将目光转向大自然中的生灵万物时，必将使其艺术灵感得到最为淋漓张扬的喷发。比如，北宋画竹名家文同就是从两条正在绞斗的长蛇身上，第一次领悟了书法艺术讲求律动的原理。确实，大自然中无论是雄狮猛扑奔跑时显示出的力量之美，还是麋鹿轻巧跳跃时展示的灵动之姿，抑或是大象之笨拙与长蛇之迅疾，都非以毛笔这一中国传统文人的握具而不能表现其美妙。所以，书法作为中国旧时儒者必修的一门功课，即便才高八斗者，如果逸笔草草的话，那也是极为难堪丢失颜面的事。据说，清代著名诗人龚自珍当年就因卷面书法不合规范而屡试落第。

到了罗哲文求学时代，书法虽然不再成为一门必考科目，但是描红临帖至少还是"选修课"。因此，罗哲文在书法艺术上的功底，就是幼年就读私塾和少年进入新式学堂时打下的。对此，罗哲文后来回忆说："我小学读的是那种老学，一入学就开始练字。当时就是练字、背古文，旧学校嘛，就教这个。"正是这种旧式的学校教育，在培养了罗哲文对书法艺术的浓厚兴趣时，也为他中学毕业后顺利考入中国营造学社提供了助力，进而在工作中将书法转化为必不可少的一种技能，直至晚年再成为怡情养性的一种生活方式。由此可见，书法艺术对于罗哲文从事古建筑研究及日常生活都大有裨益。

学以致用

民国二十九年（1940 年）年底，罗哲文刚进入中国营造学社时，每天主要工作就是帮助刘敦桢先生抄写古建筑调查报告，并学习在调查报告中绘制一些建筑插图。这些"图本身要有艺术性，写的字也要有艺术性。一般的图注要求用仿宋体就可以了，而营造学社的要求还要有一点书法"。于是，罗哲文在工作之余，开始用心学习书法，先是一遍遍地临摹《张猛龙碑》等魏碑字帖，然后又练习隶书。当然，在这一过程中对颜、柳、欧、苏等各家书法艺术都有所涉猎，最后更是对"二王"

书体特别是书圣王羲之的《兰亭集序》情有独钟。

不过，今天人们能够欣赏到罗哲文那笔画清秀爽朗、墨色浓淡相宜的"罗氏书体"之魅力，除了他在中国营造学社期间勤学苦练外，在宁静清华园里也是其书法艺术大为长进的一个重要阶段，因为清华大学在"解放前那时不管教师也好，学生也好，都研究写字、篆刻，研究木版画"，还有许多书法功底极为深厚的专家学者经常到校园里来教授课程。于是，风华正茂的罗哲文是"见人就学"，从而使自己的书法艺术突飞猛进。正因如此，当梁思成应邀为人民解放军编制《全国重要建筑文物简目》这一重要文献时，就曾特别将该简目的文字刻版和油印工作，全部交给具有书法专长的罗哲文负责。今天，如果有人能够幸运获见这册已经成为珍贵善本的《全国重要建筑文物简目》时，不仅能够从数十年前油墨所散发出的那种特有浓郁芳香中，感受到梁思成等先辈们编制这册简目时的科学严谨，也可以在经过岁月沉淀而发黄发脆的陈旧纸张上，获得罗哲文那工整清秀书法艺术所给予观者眼目上的美的享受。

1950 年年底，罗哲文作为最年轻古建筑专家进入国家文化部文物局后，因为工作机缘得以与诸多书法艺术高妙的专家学者朝夕相处，比如郑振铎、张珩、徐邦达、启功和王世襄等，都成为他在书法艺术方面虚心请教和学习的对象。另外，当年在文物局等国家部委办公时，基本上都是使用毛笔来书写文稿，这也为业务秘书罗哲文在书法艺术追求上提供了一个不间断的锤炼平台。

至于随后在从事古建筑勘察、维修和保护的实践中，善于学习的罗哲文又找到了学习和提高书法水平新的切入点，那就是几乎所有古建筑上都悬挂有古人书写的书法艺术极为高妙的匾额和楹联等。关于这一点，罗哲文深有体会：

因为从小就学古建筑，我就从古建筑的本身来体会书法。学古建筑为什么能与书法、绘画接上关系呢？因为一是古建筑本身是这些东西的一个载体，每一座古建筑上都离不开书法，如故宫、颐和园那些匾额、楹联、碑刻等都有丰富的书法内容。即使在老百姓家里也都有对联，有书法，有绘画。古建筑本身与书画是分不开的……可以这么说，匾额、楹联是我国古建筑的特色，外国是没有的，而且内涵丰富。古建筑是集大成者，壁画、书法、雕刻、塑像都有……故宫里面，颐和园中，那都是皇家经典，都是很不错的。比如乾隆自己编，自己写，是很不错的，那个字还是真下功夫的。当时好多大臣也在写。民间的就更多了，如昆明大观楼天下第一长联，如成都武侯祠的著名对联等。

数十年来，"古建徐霞客"罗哲文几乎踏遍了中国所有珍贵文物古建筑所在地，他到底见识了多少书法艺术风格各异的匾额、楹联和碑刻，从中又汲取了怎样丰厚渊深的书法艺术养分，恐怕连他本人也无法数得清楚、谈得明白。

特别"润格"

性情随和、广结善缘的罗哲文，除了应邀为许多文物建筑、古迹遗址和风景名胜等题写匾额、楹联外，还为一些专业人士或业余作者撰写与文物古建筑等相关的著作题写书名或题词推介。而他对登门求字者，无论是达官显贵还是平民作者，几乎都是有求必应、从不推辞。正因如此，前往罗哲文家登门求字者，可以说是道路相望、络绎不绝。对此，罗哲文曾笑着说："一个名胜古迹要写个对联就找我来写，要写个匾就找我来写。有的博物馆、一处风景名胜区，他要找人题字，就找我来写。我不收费，找的很多，很多都是朋友关系，因为我跟他们比较熟，写得也就比较多。"

其实，罗哲文有时题字也是要收取"润格"的，甚至价格不菲。比如，有一次笔者与曹南燕女士、张幼平先生一同访问罗哲文时，他正躲藏在新房中挥毫泼墨，所写内容是梁思成一生中的唯一诗作，它的"润格"要经过拍卖行才能成交确定。试想，这样一幅凝结了中国古建筑学界最顶尖师徒两人心血的书法作品，岂是一般买家敢问津的？而当罗哲文向我们展示他刚刚书写的这幅作品，并透露他书写这幅作品的原因和用途，以及其背后蕴藏了数十年的那则真实故事后，我们不禁油然而生一种敬仰之情，恐怕买家在拍卖会上获知其中缘由时更会频频举牌参与竞拍。

原来，在那次访问前不久，罗哲文获悉日本有关人士准备在古都奈良为梁思成树立铜像的消息，而他作为最早得知这一消息及其缘起的中方人士，当然表示由衷赞赏，并责无旁贷要为此贡献自己的力量。关于此事最根本的缘起，要追溯到"二战"期间梁思成向盟军建议不要轰炸日本京都和奈良一事。关于此事的真实状况，罗哲文曾在诸多报刊上撰文陈述过，在此只想摘录其发表在 2008 年第七期《中国政协》杂志上，那篇题为"中日友好史上光辉的一页——为日本古都奈良树立梁思成先生雕像而作"文章中的几个段落，作为透析日本准备在奈良树立梁思成先生铜像一事之根源吧：

> 梁思成先生出于对出生地并在那里度过了 11 年欢乐童年日本"故乡"的深厚感情、对文物古建筑的钟情热爱，提出要保护日本京都、奈良两座拥有大量珍贵古建筑的古都，在战争中不要破坏是必然的因缘所系。在 1944 年出版的《中国营造学社汇刊》上，梁思成先生的夫人、著名文学家、诗人、古建筑专家林徽因女士在她的《为什么研究中国建

筑》一文中还特别提到了"即如此次大战，盟国前线部队多附有专家，随军担任保护沦陷区或敌国古建筑之责"，她所指的盟军即是当时太平洋战区的中、美盟军，所指的专家即是时任"战区文物保护委员会"副主任的梁思成先生和中、美文物专家。

众所周知，在中日、中美尚未邦交正常化的情况下，美帝国主义是头号敌人，日本军国主义是侵略者，梁思成先生既为生长在日本，学成于美国的美国通，是万万不能提及此有关当时军事秘密之事的。好在1947年梁思成先生在北京大学讲课的一次小会议上曾经讲到了保护古都京都、奈良的事，1984年北京大学宿白教授访日时谈到了他在1947年是声闻者，这才引起了为什么在盟军轰炸日本时，这两座古都能完好保存的原因的追溯，次年（1985年）在参加奈良古都保护与发展的国际学术研讨会上，我和郑孝燮先生对此也作出了证明，日本的专家学者从梁思成先生的身世经历和对古建筑保护研究的成果与爱护各方面，得出他提出在战争中保护两座古都的必然性，《朝日新闻》夕刊立即以"古都の恩人ほ中国人学者"的大标题报道了此事。

1991年，日本《朝日新闻》在"开战50年"的专题中，又专门采访了我和宿白教授，宿白教授详细讲述了1947年他听到梁思成先生在北京大学博物馆专科讲演时的情况，该刊把梁思成先生称为：日本文化の恩人。

正是基于这一原因，罗哲文于2007年11月下旬访问日本期间，来到他的老朋友，日本著名艺术家、画家、国际著名和平使者、社会活动家，日中友好协会会长，文化财产保护·艺术研究助成团理事长平山郁夫先生家里做客时，"同他谈到了中日文化交流，两国的交流源远流长，许多杰出的人士为此作出了不朽的贡献，但一说起其中的代表性人物，大家仅仅限于知道唐代的鉴真大师，事实上为此作出努力并为两国人民有目共睹的人还为数不少，我们不约而同地想到了我的恩师梁思成先生"。于是，2008 年平山郁夫先生来到中国访问时，便提出在奈良为梁思成先生树立铜像的建议。

对于这一对中日友好具有深远意义的建议，时任全国政协主席贾庆林在会见平山郁夫先生时，既代表中方表示了支持和感谢的积极态度，又作出重要评价：中日合作为梁思成先生在日本奈良树立铜像，不仅可以体现纪念和表彰梁思成先生在"二战"时期为保护日本古都所作出的贡献，而且对增加中日友谊、促进两国关系的发展有着现实意义。同时，时任国务委员刘延东亦批示文化部、国家文物局与外交部相互沟通，把这件对中日友好有现实意义的事情做好。不久，平山郁夫先生委托其画友、曾沿玄奘弘法路线考察并写出专著的安田顺惠女士专程来到中国，再次"表达了日本国内京都、奈良两市同时愿意为梁思成先生树立雕像的愿望"，并表示她"回国后将立即与奈良县负责人及相关寺院联系，积极推动这件寄予了两国人民美好愿望的事情"。既然中日双方对此都表现出了积极态度，作为梁思成弟子的罗哲文便遵照中国政府有关部门委托，开始积极行动起来。当然，即便没有中国政府有关部门的委托，罗哲文也表示自己绝不会"袖手旁观"、"坐享其成"。而有关部门出言不出钱的一贯做法，却使罗哲文为筹集相关经费不得不接受建议"操笔上阵"，希望多写几幅书法作品在拍卖会上能多募集一些资金，以便尽快促成这件"对增加中日友谊、促进两国关系的发展有着现实意义"的大事。闻知这一内情，想来读者一定也和我们当时的心情一样——百味杂陈吧。

记述罗哲文在书法方面的往事，却拉杂出这些看似不着主题的内容，其实只想就其在书法方面的造诣做一结语。记得曾有人问罗哲文最满意的书法作品是哪一幅，他回答说："因为太多了，我一时想不起来。像阆中的张飞庙，张飞在那里当巴西太守。我给它编了一副对联：为民作主巴西守，世代香烟桓侯祠。大家对此都很满意。"常言说：文为心声。如果说罗哲文编撰这样一副对联，表达了他关注民生这一思想理念的话，那么他书写恩师梁思成旧作以募集资金，想尽快促成这件"对增加中日友谊、促进两国关系的发展有着现实意义"大事的举动，就不难解释为他与恩师梁思成都是具有国际主义精神的人了。因此，"字如其人"一说，在这里也就不能简单按照固有习惯，理解为书体风格代表书者性情之说，似乎还应该将书者所书内容也是体现"字如其人"的一个重要方面来理解，何况罗哲文书写恩师梁思成之旧作，还是那样地催人奋进呢：

> 登山一马当先，岂敢冒充少年。
>
> 只因唯恐落后，所以拼命向前。

另外，这肯定不是一种巧合——今年是中日邦交正常化40周年，中日双方有关人士树立梁思成铜像的愿望还没实现，罗哲文却已经仙逝了。

诗词记史亦抒怀

在中国营造学社时，林徽因曾教导罗哲文说："你必须要学古文，读诗词，这对你将来有用处。"

诚如斯言，罗哲文幼年就读私塾培养出对古典诗词的兴趣，在进入中国营造学社后得到了淋漓尽致的发挥。中央大学建筑系毕业生卢绳来到学社后，因为他对古典诗词颇有造诣，林徽因便要求学社成员每天跟他学习古典诗词。一时间，学社内学习古典诗词蔚然成风，与卢绳同住一个宿舍的罗哲文更是近水楼台，几乎每天晚上都要向卢绳请教这方面的学问，其古典诗词水平因此大有长进。喜爱古典诗词的罗哲文还善于自学，在当年那么艰苦的条件下，他购买了许多有关书籍，一有空闲便捧读不辍、吟哦不止。另外，当年中国营造学社研究古建筑，主要是从文献和法式两个方面着手，查阅文献是必不可少的一项内容，也就是要能够从汉赋、骈文、唐诗、宋词、元曲及各种史料中，爬梳出描述古建筑方面的文字，从而考证有关古建筑的形制和历史等。因此，在中国营造学社期间奠定了坚实的赋诗填词功底的罗哲文，在后来从事古典诗词创作方面，更多的是对古建筑等以诗为证、填词留史或纪实写事、借景抒情。

古建诗词唱赞歌

从广义上说，罗哲文创作的古典诗词几乎都与古建筑密切相关，且具有纯朴清新的纪实风格和与时俱进的时代特征。罗哲文在创作每首诗词时，多有"小序"记述当时经过，这对于人们理解其诗词内涵以及具体创作过程大有助益。

比如，罗哲文创作的《屹立神州九百年》，歌赞的就是名震寰宇的山西应县木塔：

> 十极巍巍穷碧落，班门弄斧入云天。
>
> 环球木构高第一，屹立神州九百年。

关于这首诗，罗哲文写有这样一则小序："1952 年'三反'结束，古建筑保护维修面向全国，许多重要古建筑需要抢救维修，受郑振铎局长之命和'文整会'杜仙洲及察哈尔省'文管会'张正模同志到雁北地区实地考察，拟制修缮计划，应县木塔即是其中之一。在学社和清华时期虽然学习应县木塔的资料，但毕竟未能亲临，难以感受其雄伟之价值。当此次来到现场，确实为之震撼，深感中国木结构之伟大。"

河北蓟县（今属天津）独乐寺观音阁，是梁思成加盟中国营造学社开展古建筑野外调查的第一个实例，它是中国古建筑中"现存最早之高层楼阁，最大之寺内泥塑，最早之现存屋顶鸱尾，尤以观音阁结构之精巧，冠盖群芳"，在长达千年历史中经受多次强烈的地震灾害，依然巍巍屹立、岿然不动。特别是在 1976 年唐山大地震中，蓟县城内许多新旧建筑都受到很大程度的破坏，唯独观音阁受损不大，当地传言说有人看见观音阁在大地震中来回摆动，但过后又恢复了原位。对此，罗哲文与孟繁兴、吴梦麟、魏克晶等人在大地震后，专门进行实地考察，并针对其抗震性能写出专文加以论述。罗哲文认为：观音阁"双槽构架、斜撑支顶、井口斜梁等皆为抗震结构的重要措施"，且设计十分精审。这使罗哲文不由地赋诗礼赞：

独乐寺观音阁赞（七律）

魏巍高阁筝渔阳，独乐声名震朔方。

构架双槽撑护绕，斜虹井口力分当。

重檐远出斯飞翚，斗拱梁枋精审量。

地动山摇何所惧，千年不损胜金刚。

与礼赞山西应县木塔和天津蓟县独乐寺观音阁所不同的是，罗哲文为北京紫禁城建福宫重建时所写的一则祝词。原来，建福宫花园这处曾珍藏清乾隆皇帝数以千万计古代书画和古玩玉器等文物的储藏室，早在嘉庆年间就封存不曾开启。不幸的是，民国十年（1921 年）却被逊帝溥仪因小朝廷生活入不敷出而下令启封，不久便遭到一场莫名其妙的火灾而荡然无存。据有关史料统计，当时被大火焚毁的金佛 2665 尊、古代字画 1157 件、古玩 435 件及数万册古书典籍，同毁于那场大火的还有静怡轩、慧曜楼、吉云楼、碧琳馆、妙莲花室和延春阁等储藏这些文物珍宝的建福宫花园所有建筑。至于 80 年后重建建福宫花园延春阁时，人们从罗哲文所写的这则祝词中，对重建过程有了另一方面的了解。在这则祝词小序中，罗哲文写道：

　　建福宫花园是明、清故宫紫禁城中具有高度历史、艺术价值的皇家花园。不幸于 1923 年（笔者注：实为 1921 年）被焚毁。在专家学者们的不断呼吁下，在香港中国文物保护基金会的支持下，经国务院批准，在国家文物局、故宫博物院领导的关心和院内外专家学者、工程技术人员的共同努力下，建福宫花园复建的一期工程，中心建筑延春阁主体木构，将于 2001 年 4 月下旬，如期封顶，并在新世纪第一春的 4 月 3 日举行延春阁复建上梁仪式。欣逢盛世，政通人和，如此重大之文物复建工程，不能无文以记之，乃略记其始末并为词曰：

北京故宫建福宫花园重建延春阁上梁祝词

建福精构，御苑煌煌。

华堂丽屋，稀世珍藏。

遽遭祝厄，殿阁罹殃。

霎时焦土，玉石俱亡。

百年残址，行将沦丧。

欣逢盛世，纲目同张。

士人学子，协力齐倡。

输资献智，再造辉煌。

鸠工遴材，斧凿铿锵。

上梁之日，共献华章。

大安大吉，钟鸣鼓响。

书以纪盛，万世流芳。

新千年新世纪辛巳新春

公元 2001 年 4 月 3 日

长城诗词有源流

任何一种文学流派的创建，都可以寻找到其中根源。长城文学是否属于一个流派姑且不论，但其别具风格的特色和不同凡响的气势，似乎还没有哪种文学流派堪与媲美。所以，长城文学在中国诸多文学流派中独树一帜，具有一种无法言喻、撼人心魄的魅力，何况向来还有"长城诗词浩如海"的赞誉呢。

确实，上下两千年、纵横十万里的中国长城，是一部源远流长的中国古代文化史，是中国封建社会最辉煌、最丰富的历史篇章。古往今来，不知有多少帝王将相、文人骚客、征旅戍卒为它写下不朽的诗词颂歌，如果用浩如烟海来形容其数量，人们应该不会有异议。当然，以长城宽广无边的胸怀以及无比丰厚的历史文化积淀，它从来也不曾拒绝世人接力创作出的大量诗词颂歌。其中，作为"万里长城第一人"的罗哲文，他不仅是中华人民共和国长城维修保护事业的开拓者和奠基人，更是新时期长城文学的奠基人和开拓者之一。因此，长城文学欢迎罗哲文的加盟，世人也欢迎并愿意享受他的长城诗词。不过，数十年来罗哲文创作的长城诗词有很多，这里只能摘录其中几首以供欣赏：

山海关长城礼赞（三首）

1978 年 8 月为协助秦皇岛文化局编写介绍山海关长城及北戴河等文物古迹的材料，随王冶秋同志住北戴河别墅半月。与秦皇岛市文化局长王岳辰及山海关文物保管所的同志们驱车并步行登山涉水，考察了山海关附近的许多长城遗址和文物古迹。除山海关关城内外的关城、东罗城、西罗城、南翼城、北翼城、城墙、城楼、角楼等之外，还到老龙头、角山、姜女坟、姜女庙、八里堡、威远城、石河水库、丰宁山、锥子山、九龙口、万之草……作了实地考察。写成了"山海关长城考察简记"一文和《秦皇岛山海关·北戴河》在文物出版社出版。对山海关长城又有了进一步的认识，成小诗数首：

登山海关东门城楼

明祖雄图拒鞑顽，长城万里布烽烟。

燕山北枕设重险，渤海南濒浪接天。

突兀墩台逐岭转，连云雉堞随峰翻。

幽燕险固凭何峙，蓟镇东来第一关。

山海关老龙头

长龙拔地起临洮，越过千山万水遥。

直下燕山连险塞，飞奔宁海逐惊涛。

环球众说称奇迹，宇宙航观见峻标。

秦皇明祖今安在，唯有民功永不凋。

长城抒怀

三十余年蓄意豪, 几从东海过临洮。

累登九镇三关险, 踏遍长城万里遥。

有山海关, 自然不能少了嘉峪关, 罗哲文曾以不同词牌, 吟哦出了《嘉峪关十唱》, 只是限于篇幅之故, 在此只能摘录"十唱"前的一则总序, 仅此也足见罗哲文痴爱长城之深情了:

嘉峪关为明代长城的西头重要关口, 是现存长城关口中保存最为完整者。关城、关楼、角台、角楼、敌台均仍保存完整, 确属长城现存的一座雄关, 与河北秦皇岛山海关东西相隔万里, 遥相对峙, 互争雄险。山海关被称为"天下第一关", 而嘉峪关则又被称为"天下第一雄关", 增加了一个雄字。可惜嘉峪关西门上之"天下第一雄关"匾额已毁于军阀时期, 不能与山海关之"天下第一关"匾额东西遥相辉映了。

我曾有机缘, 十经山海, 三渡嘉峪, 饱览两关景色。山海关之巍巍燕山, 滔滔东海确实雄伟壮阔, 明朝人曾有"万顷洪涛观不尽, 千寻绝壁画应难"之句, 予以描绘称赞。而嘉峪关则莽莽祁连, 茫茫戈壁, 更有其雄奇壮丽之处。真可谓各据地势, 各有特点, 难以有高下之分也。

1981 年 8 月, 又再渡嘉峪关, 并再登关城, 复寻墩堡烽火遗址。巍巍雄关, 皑皑祁连, 景色倍觉迷人, 能不歌之……

"十唱"过后, 罗哲文却谦逊地说: "十唱均系旧体辞章, 难以表达对嘉峪关之赏赞, 只是作后日之记忆而已。"其实, 这不仅印证了"以诗为证"的评说, 也应了"吟诗留史"之论。

其他诗词多遗篇

一个人的身份有多种，可往往因为某方面成就过于突出而掩盖了其他。比如，世人皆知林徽因是著名的诗人、文学家，而鲜有将其定位为建筑师，其实她的墓碑上只有一行字：建筑师林徽因。关于这一点，罗哲文也未能幸免，因为他几乎所有的公众身份和社会职务都与文物古建筑密切相关，即便他的书法造诣和摄影成就在业内有目共睹、人所共知，但是极少有人称呼他是书法家或摄影师，就好比他创作了大量旧体诗词一样，至今也没听说谁将他定位为诗人。因此，多年前当笔者获见罗哲文精心整理那份包括诗词以及为诗词配置大量珍贵照片的稿本时，当即就动议说何不将这些诗词用书法形式重新书写，再配以相关照片（包括手绘图纸）交付出版社公开出版，以供更多的人欣赏呢？此议一出，顿觉浅陋，并后悔不迭：一是，因为作者既然如此精心整理，定有出版之意，何需笔者浅陋置喙；二是，提议以书法形式重新书写那百数十首诗词，这对于年逾八旬且事务繁忙的老人来说，徒增这么大工作量岂不是一大罪过。而今又一想，罗哲文对书法、摄影和诗词的兴趣不减当年，如果能将其诗、书、画（照片和图纸）"三绝"合一出版面世的话，对作者来说不仅是一个纪念，更是嘉惠后学的一种好方式，只是不知哪家出版社能够慧眼识珠，早日玉成此一功德之事。

"踏遍神州万里遥"的罗哲文，无疑是一位真正的诗人，否则他每到一地怎么都能吟诵出绝妙诗词呢？确实，在捧阅罗哲文颇费心血整理的诸多诗词，被其归入"其他"类的有很多，因此这里只能摘录其中几首，以供读者对罗哲文的性情及人生志趣，有更多一点的了解。

2004年4月末，罗哲文来到湘西凤凰古城考察时，曾专门参观拜谒了大文学家沈从文先生的故居和墓地，并赋诗曰：

谒沈从文墓地

良师益友忘年交，犹忆端门话早朝。

一束鲜花呈墓表，香风吹送九重霄。

其中，罗哲文对"犹忆端门话早朝"一句，做了这样一则注脚：

1950 年，我从清华大学调到中央文化部文物局，就与沈从文先生相识，他其时在文化部所属北京历史博物馆工作。1950—1951 年，文化部文物局与该馆共同举办了多个伟大祖国艺术、伟大祖国建筑、敦煌艺术、抗美援朝等展览。以伟大祖国历史的光辉成就，唤起被帝国主义侵略蔑视百年的爱国热情。我其时正代表文物局与该馆共同举办伟大祖国建筑展览，与沈从文先生常在一起工作、聊天，向他学习到不少东西。他是我的老师林徽因、梁思成（20 世纪）30 年代文学上的知交，在文学上给了我很多的教益。该馆当时馆舍在故宫端午门之间的东西朝房，时常谈起我等上班与当年大臣们早朝相似。解放之初，我们所有干部也都要在上班之前学习政治一两个小时，改造思想。学习改造很重要，不能迟到，因此很早就要起床。特别是春秋冬日，早上五六点天还未明。沈从文先生常谈起大臣们早朝情况，大臣们也是天不亮就在朝房等候了。皇帝们也都厌倦早朝。常说唐明皇"从此君王不早朝"的故事。

与这类诗词所不同的，还有下面两首和诗：

今年（1986 年）六届四次全国政协会议期间，吾等住京丰宾馆近月。委员中年高者多矣。然而均是心情舒畅，兴致勃勃，畅所欲言，同商国事，竟未有言年老者。老画家刘海粟年已九十有二，尚称要做小学生；老摄影家黄翔已年过八旬，还当场拜师学艺，真可说得上是国泰民安人不老。有广州中山大学教授商承祚先生年方八十有五，健步如飞，上下楼梯不需人相扶。商老曾作了一首《年龄歌》张于大厅过道之内。歌云：

九十可算老，八十不稀奇。

七十难统计，六十小弟弟。

五十、四十爬满地，

三十、二十睡在摇篮里。

于是，罗哲文"对号入座"，虽然他当时也是年逾花甲的老人，仍以"小弟弟"的身份奉和两首，并发表在当年7月14日的《北京晚报》上：

其一

腾腾一月聚京丰，国事同商兴意浓。

花甲古稀谁说老？八旬九十正春风。

其二

国事同商又一年，五湖四海共婵娟。

尧天舜日春常在，喜煞群翁不老仙。

年轻时的罗哲文勤奋好学，步入晚年后依然笔耕不辍，只是他创作的时间实在是太少了，许多诗词都是他奔忙在世界各地旅途中完成的。试想，如果没有太多事务性工作缠绕的话，以罗哲文的才思敏捷和勤奋创作，那将会为中国古典诗词增添多么璀璨的光华啊！

破解古画中的建筑密码

对一代建筑巨匠梁思成先生的家学渊源与皇皇著述稍有了解之人，不能不对其言必有据，且善于分析比较的治学方法深表感佩。而直接师从梁思成先生长达十年之久的罗哲文，在这方面得到了恩师的言传身教，如通过考证传世书画解析古代建筑形制和历史等，就是其至今还不广为人知，且更不为人所重视的一种治学方法与才能。

由"梦华录"到"金明池"

因一篇文章或一幅画作而名载史册的例子，在中国乃至世界文化艺术史上可以说数不胜数、比比皆是，例如因《清明上河图》而为世人所铭记和仰慕的北宋伟大画家张择端。殊不知，张择端除了《清明上河图》之外还有一幅传世名作，那就是罗哲文以"一幅宋代宫苑建筑写实图"为题，对这幅画作中诸多建筑进行细致入微考证和诠释的《金明池争标图》。

原题为张择端作的《金明池争标图》，在 1959 年 6 月被收入文物出版社出版的《宋人画册》（第十六卷）之前，从未在历代各家相关著录中记载过，因此鉴别其是否为张择端所作，就是所有围绕或涉及该幅画做学问者无法绕开的一个问题。对此，罗哲文发表于 1960 年第七期《文物》杂志上的一篇文章中，最后有这样一段文字："至于（《金明池争标图》）是否为张择端所作，则无法确定。不过像这样精细熟练的工笔画，有可能是他画的。画史上提到他曾画过两张名画，一是'清明上河图'，一是'西湖争标图'，没有'金明池争标图'。是否金明池俗称'西湖'，或是记载有误，或是另有西湖争标，都不得而知。"接着，罗哲文谦逊而坦诚地说："对于古代绘画，我纯系外行，只能提供一些情况，请专家鉴定。"

既然罗哲文在文章中谦虚地提请专家予以鉴定，那么不妨听一听与罗哲文同时期供职于文化部文物局并担任文物处副处长（当时处长一职虚悬多年）、当时中国首席书画鉴定名家张珩（字葱玉）先生对《金明池争标图》的细微分析和权威鉴定吧："按向氏《评论图画记》云：'西湖争标图、清明上河图，选入神品，藏者宜宝之。'知择端于《清明上河图》外，别有《西湖争标》一图，为传世名作。今按此图所绘景物，与幽兰居士《东京梦华录》（卷七）所记'三月一日开金明池琼林苑'及'驾幸临水殿观争标锡（注：疑是"赐"字）宴'二条，考之悉合。"于是，张珩先生在考证文章中将"幽兰居士"即宋绍兴年间的孟元老，在《东京梦华录》（卷七）中所描写北宋京城汴梁金明池里关于那场"争标"的场景，与《金明池争标图》中所绘景物进行了较为细致的对照，从而得出如下足可征信的鉴定结论：

（《金明池争标图》）虽仅尺幅，而于宣和全盛时金明池全貌，俱可按见，尤为历史考古之重要资料，不独艺术价值为可贵也。金明池在东都西城之西水门，向氏《评论图画记》所称之《西湖争标图》之西湖，如指金明池而言，则此图或即《西湖争标图》。然择端《清明上河图》卷真迹，今藏故宫博物院，与此相较，风格各殊，决非出于同一画家手笔。或谓此为择端早年作，宜有差异。不知画家早期与晚期作品，固可有所不同，然其时代风格仍属一致。今此图时代风格，应晚于《清明上河图》卷，乃无可疑。且图中景物，已在政和之后。若择端于政和末为早年，则《清明上河图》为南宋或金人破汴梁以后所作，时代风格不应颠倒如此，是早年之说为不确矣。上河图南宋时坊间摹本流行甚多，争标图同时被南宋画人转相临仿，亦无足异。大凡南渡之后，人民追怀汴梁全盛，拳拳故国之思，托于二图，盛相摹仿，固可理解也。此图虽未为真迹，出于南宋时人摹仿，然原本之出于择端，宜足征信，盖古人所谓下真迹一等者。即此已是瑰宝，又何必择端真迹始称珍重也。

诚如斯言，罗哲文在文章中则从建筑史角度对《金明池争标图》绘制时代作出了推论，结果竟与书画鉴定大师张珩先生以上所论相契："关于画的年代，按照建筑的形式、结构及细部来看，属宋代风格。临水殿为徽宗政和年间（1111—1118）的建筑，故此画应在政和以后，但也不会在南宋淳熙（1174—1189）以后，因为金明池在南渡后已毁，如果南渡时画家不到 15 岁，是不会记住金明池的情况的，所以此画应绘于北宋政和至南宋淳熙之间。"既然如此，我们还是来细致解析罗哲文是如何考证《金明池争标图》中的各色建筑，并从中获得与众不同成果的吧。

对于《金明池争标图》中诸多建筑景物的分布情况，"幽兰居士"孟元老在《东京梦华录》中有这样一段文字描述："池在顺天门外街北，周围约九里三十步，池西直径七里许。如池门内南岸，西去百余步，有面北临水殿，车驾临幸，观争标锡（赐）宴于此。往日旋以彩幄，政和间用土木工造成矣。又西去数百步，乃仙桥，南北约数百步，桥面三虹，朱漆阑楯，下排雁柱，中央隆起，谓之骆驼虹，若飞虹之状。桥尽处，五殿正在池之中心，四岸石甃，向背大殿，中坐各设御幄，朱漆明金龙床……桥之南立棂星门，门里对立彩楼。每争标作乐，列妓女于其上。门相对街南有砖石甃砌高台，上有楼观，广百丈许，曰宝津楼，前至池门，阔百余丈，下阚仙桥水殿，车驾临幸，观骑射百戏于此池之东岸。临水近墙皆垂杨，两边皆彩棚幕次，临水假赁，观看争标……北去直至池后门，乃汴河西水门也。其池之西岸，亦无屋宇，但垂杨蘸水，烟草铺堤，游人稀少，多垂钓之士……池岸正北对五殿，起大屋，盛大龙船，谓之奥屋。"针对孟元老描写的金明池情形，罗哲文将之与《金明池争标图》中所绘场景，进行细致梳理并一一对照后认为："几乎没有多大出入，主要建筑完全吻合。"因此，罗哲文不仅得出上述与张珩先生鉴定结论相契合之观点，而且在肯定这幅名作艺术价值之外，还得出了另外两个方面的重要结论："一方面，它是研究我国宋代建筑和园林的绝好参考资料，使我们知道金明池的整个布局是四周红桃绿柳，中央建一岛屿，上建殿阁，以桥达于岸上。在两岸选择重点布置建筑，让另一部分特别幽静的处理手法，承袭汉唐的传统，对明清时期北海、颐和园的建筑布局也有一定的影响。个别建筑，像临水殿、大龙舟上的层楼，特别是水中圆殿的平面布局和立体结构的搭配，十分巧妙，在实物中还不多见。虹桥两端有华表，两旁的栏杆、望柱都是宋代的结构方式。桥南两个如阙门式的高台也是只见记载而无实物的例子，实甚罕见。另一方面，它表现了宋代帝王生活的一个场面。这种争标赐宴活动虽然是操练水军（原注：金明池于周世宗显德四年开凿，是为伐南唐、练习水军用的），但也反映了宋代盛事的一些社会情况。"

由此可见，罗哲文考证传世书画不仅在于解析古代建筑的历史与形制，对于画作中所透露出的社会生活等多种信息也没有忽视，而这对于精确辨识某个时代的建筑历史和形制，是一种极为重要的寻找旁证的方法。

由"运筏图"到卢沟桥

关于这一点，我们从罗哲文另一篇相类文章中也不难有所发现和体会，那就是发表于 1962 年第十期《文物》杂志上的那篇《元代"运筏图"考》。

在这篇同样能够较好体现罗哲文既精通文献史料，又重视分析比较这一科学严谨治学方法的文章中，他一开始就紧紧抓住这幅"未署画家姓名，亦无题款，仅右下角有一文徵明章（未辨真伪）"画作中最主要的一个画题，即"十一孔石拱桥和两端的房舍、寺庙以及车马往来和运输木材的情况"，从而精确无误地找到了考证这幅画作的突破口——画面中"很可能是描写元大都西郊通往华北平原及南方的一个重要津梁——卢沟桥"。于是，罗哲文根据这幅被鉴定专家定名为元"运筏图"画作中所绘制的内容，对照现存卢沟桥的建筑形制，并结合相关历史文献和考古资料予以验证后，从而获得了六个方面的考证成果。首先，罗哲文从画面中那座石桥上找出了五处与现存卢沟桥极为相似的地方：第一，画面中石桥的主要结构部分即 11 个拱券与现存卢沟桥完全一致；第二，画面中石桥的栏版形制及栏杆上的石狮与现存卢沟桥基本吻合；第三，画面中石桥东端一对石制华表的形制与现存卢沟桥极为相似；第四，画面中石桥西端和东端栏杆分别用石象、石狮顶住的情形与现存卢沟桥完全一致；第五，画面中石桥南面桥墩那向顺水方向收进的船尾形平面与现存卢沟桥的形式除线条略有不同外基本一致。然而，针对画面中石桥与现存卢沟桥有以上五点吻合或相似之处，治学严谨的罗哲文在慎重得出"两者之间的相似程度是非常大的"结论后，又与当时其所能知道的全国所有联拱石桥的资料相比照，最终才信心十足地肯定说："这张画上所绘的 11 孔石桥即是北京的卢沟桥。"

既然肯定了元"运筏图"中所绘 11 孔联拱石桥即是北京卢沟桥的结论，罗哲文随后又从"卢沟桥两岸的建筑布置""桥北的山峦""关于运筏的场面"和"画上所反映的元代人物情况"等几个方面，对这幅画作进行了进一步的细致考证，由此使人们不难获知其不仅从古代建筑形制特征为切入点考证传世书画的治学方法，还对其从地理位置、时代风貌和社会状况等方面对一幅古代书画进行印证，从而才最终获得足可征信的权威结论表示钦佩。因此，在这篇文章的最后谈及关于这幅画作的作者和年代问题时，即便罗哲文谦虚地表示说他的考证只是"提供一些线索供专家们参考"，但是其从建筑和服饰这两个方面划定这幅画作作者和年代的范围，还是能够给人以一种治学讲求独辟蹊径的别样收获。

佛光寺里的意外发现

民国二十六年（1937 年）6 月，梁思成先生发现当时中国最早古建筑——山西省五台县豆村的佛光寺后，五台山不仅成了佛教徒的朝圣地，也成为中国建筑学人的朝圣地。作为建筑巨人梁思成先生的得意门生，罗哲文第一次朝圣五台山佛光寺的时间虽然已不能确知，但是 1964 年 7 月的那次佛光寺之行竟然使他有了重大收获。

这实在是一次惊喜的意外发现。这一年在暴雨容易不期而至的 7 月，罗哲文在山西省文物工作委员会孟繁兴同志的陪同下，对该省境内一些文物古建筑进行实地考察。不料，当他们到达五台山豆村境内时，竟突然下起了连绵大雨，以致两人被迫滞留在佛光寺内多日不能成行。正是在这么一个上天所赐的机会里，罗哲文与孟繁兴两人得以对这座著名唐代木构建筑大殿进行了比较细致的观察，从而获得了多处唐和五代时期文字题记及一处唐代壁画的重大发现。关于这座唐代木构建筑的年代问题，虽然已经被梁思成先生等人当年所解决，但是罗哲文与孟繁兴两人的此次发现，还是为确定这座唐代建筑年代问题提供了有力的证据。比如，罗哲文与孟繁兴两人借助手电筒和马灯昏暗光线的照明，花费了整整三天的时间，终于在大殿大门背后与门颊（即门框立枋）上发现了八处唐和五代时期的文字题记，以及数十处"未题年月的唐、五

代、金以及明、清题记"，特别是唐咸通七年（866 年）、咸通八年
（867 年）和乾符五年（878 年）的三处题记，对当年梁思成先生确定
佛光寺建造于唐大中十一年（857 年）之结论，提供了一个极为有力的
佐证。

至于罗哲文与孟繁兴两人在大殿正中佛像须弥座束腰上发现的那处
唐代壁画，罗哲文在 1965 年第四期《文物》杂志上发表文章记述说：
"此殿的佛像、佛座已经重装油彩过许多次，最后一次是在 30 多年前。
为什么这块壁画没有被重新油彩呢？这是由于它所处的位置决定的。佛
座紧靠扇面墙，中间距离甚窄，人只能侧身而进，加之里面光线又暗，
不为人所注意，所以多次重装都没有触及这块壁画。在过去很长一段时
间里，佛座背后两侧又砌了土墙，使这块壁画处在一个密闭情况之下，
不通空气，不见阳光，因此，不仅至今保存完好，而且还色彩如新。"
罗哲文与孟繁兴两人之所以能发现这处壁画，实是天赐机缘。试想，这
处壁画如果不是绘制在如此狭小隐蔽的位置，千余年来肯定被信徒施主
出资重新装饰油彩所掩盖；试想，如果不是后来在佛座背后两侧砌筑了
一道土墙的话，这处壁画也许在空气和阳光侵蚀下早已毁坏无余；试
想，如果不是连绵大雨阻隔了罗哲文与孟繁兴两人的行程，这处珍贵的
唐代壁画又不知何时能重现世人眼底？确实，因为多种机缘，罗哲文与
孟繁兴两人得以发现这处唐代壁画，也因为这处唐代壁画而使佛光寺再
次引起世人的关注，并由此使人们对这座唐代木构建筑有了更多的了解
与认识。那么，这处唐代壁画绘制的内容是什么，它体现了何种绘画风
格，它的发现又有何重要价值呢？

对此，罗哲文在文章中再次谦虚地表示："由于我这方面的知识很
少，难作深入的分析比较，只提供给有关专家们研究参考。"既然如此，
我们不妨遵照罗哲文的意愿，摘录其文章中关于这处壁画的一段文字：

"壁画通高0.3米许，长约0.8米。从画面上看，可分为左、中、右三部分。这三部分虽然是分离的，但彼此之间也有密切的联系。左端画的是一个手持宝剑的天王，天王旁边有一女立像，头戴花冠，左手托一香盂，盂中燃香，右手托花。正中画的是一个身穿翻领花甲胄的力士，手擒一个类似猿猴的动物。右端画的是一个手持长杆的力士，向左边追赶，右上角残存着三爪的龙腿和龙尾一段。壁画的内容尚待进一步的考证。此图在内容和构图上，与唐吴道子的'天王送子图'有相近之处。可惜该壁画的其余部分已毁，不能全部对照。"其实，罗哲文在文章中既有比较性的分析，也为"有关专家"提供了比较可信的研究途径。至于意外发现这处壁画及多处题记之意义，罗哲文在文章中总结了四点：一、唐至明清这数十处文字题记，对确定佛光寺的历史年代提供了有力证据；二、唐和五代时期的题记，为佛光寺大殿的建筑布局提供了新的证明资料；三、在这些题记中，还反映了唐及各代一些政治和军事情况；四、这处残损的唐代壁画，是中国古代木构建筑中极为罕见的早期实物。

其实，面对这次看似意外的重要发现，以及罗哲文如此精到的学术结论，人们有理由相信这是源自罗哲文多年来对文物古建筑热爱和研究的必然结果，也有理由相信这时年富力强的他将会取得更加辉煌的学术成就。当然，还包括他通过对传世书画的考证，来研究古代建筑这一刚刚展露其别样才华的治学领域。

附记： 2012年年初，《纵横》分三期连续刊发了纪念梁思成先生逝世40周年的专题文章，这些文章是根据梁先生生前偏爱的弟子罗哲文与另外三位德高望重的清华建筑学人之口述整理而成，文章还未刊完就被《新华月报》分期转载，并受到读者特别是学界的一致褒扬。然而，一个多月后罗老却不幸驾鹤归去，给世人留下了"一世书生终无奈"（2012年5月20日《中国青年报》纪念罗老的文章标题）的悲怆。由此，笔者不禁再次回想起当初到罗老家征求意见并审阅稿件时的情景。那是我最后一次见到罗老，他的精神状态比不久前我看到的要好了许多，特别是那个让罗老生病后不愿见人的导尿器已经不见了，这让我心中甚为欣慰。当我把文章一句不落地读给罗老听后，仔细听完的罗老补充了一点内容，并说："你的文章我放心。"接着，罗老提出让我与张幼平先生（中国建筑工业出版社应约同访罗老的编辑）带着他和老伴到另外一个地方取点东西，没想到竟是他老人家要把刚出版的《神州行吟草——罗哲文诗词摄影选集》新作送给我们。最后，我们送罗老回到寓所楼前，罗老执意不让我们送上楼，而是在同样走路不太稳当的老伴杨静华老人的搀扶下，步履缓慢地向家中走去，边走还边举起右手挥了挥，虽然没有回头，但是我明白那是老人在向我们告别。

没想到，这竟是罗老与我的永别！！！